言葉はこうして生き残った

河野通和

目次

第2章　あらためて、書物とは何か

第3章　出版草創期の人びと

第４章　作家の死、一時代の終わり

第５章　先達の「生」を生きる

第6章　言葉の受難を乗り越えて

第7章　生命はこうしてつづきゆく

本書は、「考える人」メールマガジン、
「考える本棚」として、
毎週木曜日、ほぼ交互の形で配信されてきた文章から、
三七回分を選び、再構成したものです。
各項の No. はメールマガジンの配信番号、
日付は配信日を記しています。

第1章

言葉はこうして生き残った

No. 397

ナウ・オン・ボード

七月一日付けで「考える人」編集長に就任しました河野《こうの》です。

どうぞよろしくお願い申し上げます。

前任者である松家仁之(まついえまさし)さんとは旧知の間柄です。前回のメールマガジンで私のことを「先輩編集者」というふうに紹介してくださいましたが、むしろ私のほうが「後輩」の仕事ぶりにかねがね敬意を払ってきた関係です。その松家さんの後を引き継ぐわけですから、いささか緊張しています。

……という書き方からもお察しいただけるかと思うのですが、実は私が新潮社に入社したのは、ほんのひと月前のことです。

簡単に自己紹介しますと、生まれは一九五三（昭和二十八）年です。七八年に大学を卒業して、中央公論社（現在の中央公論新社）に入社し、以来、二〇〇八年六月に五十四歳で退職するまで、ほぼ三十年間、主として雑誌編集の仕事に携わってきました。「中央公論」「婦人公論」という二誌の間を行ったり来たり、ちょうど二往復しています。

他にもっとやりたい仕事がないわけではなかったのですが、そういう機会には恵まれませんでした。

ただ、ラッキーだったのは創業が一八八六（明治十九）年という長い歴史を持つ会社にいたことです（二〇一〇年で創業百二十四周年になります）。新潮社が一八九六（明治二十九）年に創業されていますから、ともに明治期に産声《うぶごえ》を上げた、わが国でも最古参の老舗《しにせ》出版社同士です。当然、両社の因縁も浅からぬものがあります。

まず人の交流ということでいえば、新潮社の創業者である佐藤義亮《ぎりょう》は秋田県仙北郡角館《かくのだて》町の出身です。青雲の志を抱き、単身上京したのは一八九五年、数え年十八歳の時だそうですが、刻苦勉励《こっくべんれい》の日々の中から、なんとその翌年には、読者からの投書を主体にした雑誌「新声」を創刊していま す。いまで言えばベンチャー企業もいいところです。地方出身の何の後ろ盾《だて》もない青年でしたが、彼のひたむきな情熱、才能を見込んで、資金を用意する市井《しせい》の民のエンジェルも現れています。素晴らしい創業物語だと思います。

その佐藤義亮とやがて接点をもつのが、同じ秋田県出身の滝田樗陰《ちょいん》という人物です。この人は後に敏腕・剛腕編集者として、「中央公論」の名を天下に轟《とどろ》かせます。「滝田樗陰の人力車が門前に停まれば、それは一流作家のお墨付きを得たようなもの」という伝説が生まれるほど、明治・大正の文壇・論壇をプロデュースする名編集長として活躍します。佐藤義亮との出会いは、その遥《はる》か以前です。

私が一度秋田に帰省すると、主な投書家の肝煎りで早速誌友会開催。大勢集まったが、その中に、五里先きの鉱山から大雨の中をやって来た滝田樗陰君がいた。当時十八か十九だったと思う。私は東京の文壇の情勢や作家たちの話をすると、眼を輝かして真剣に聞き入る樗陰君の面影は今に忘れられない。「僕は『新声』によってはじめて文学的感激を味わうことができた」と、同君は後年よく口にされた。

佐藤義亮「出版おもいで話」、『出版人の遺文　新潮社 佐藤義亮』所収、栗田書店

つまり、郷里の先輩である佐藤義亮という存在がなければ、後の「中央公論」のカリスマ編集長が誕生していたかどうか。出版史上のイフとしては興味あるところです。

両者の交流は、その後も続きます。

たとえば、滝田が新潮社に朝日新聞の池辺三山《さんざん》（夏目漱石が朝日新聞社に入社する際の橋渡しをした

人物であり、以来の盟友）の遺稿集の出版企画を持ち込んだことがきっかけとなって、それまで新潮社から著書を一切出してこなかった夏目漱石との縁がそこで初めて生まれます。

といった文学史上の面白いエピソードは尽きません。私自身、新潮社・中央公論社の因縁話として忘れられない思い出があります。誰しも知る島崎藤村《とうそん》の『夜明け前』という作品は、第一部が昭和七年一月に、第二部が昭和十年十一月に新潮社から刊行された藤村の代表作です。ところが、もともとは昭和四年四月から足かけ七年の長きにわたって「中央公論」に断続的に連載されていました。

ながらく雑誌社として運営されてきた中央公論社に、出版部が新設されたのは昭和四年一月です。処女出版は当時日本では無名だったレマルクの『西部戦線異状なし』（秦豊吉訳、現在、新潮文庫）で、これがいきなり大ベストセラーとなりました。出版への意欲がみなぎっていたところ、『夜明け前』の単行本は新潮社から刊行されることになりました。それまで物心両面にわたって支援を受けてきた新潮社に対する藤村の忠義だったと、私は解釈しています。新潮社の担当者、中根駒十郎《こまじゅうろう》は、こう証言しています。

――「島崎先生という方は、文士先生にあり勝ちな、わがままをいってわたくしたちを困らせると――

いうところが全くなく、温厚でやさしい方でありました。わたくし、今でもありがたいと思っておりますのは、『夜明け前・第一部』が出版された時のことなんです。ある日、先生が新潮社に来られ、『夜明け前』を出すについていろいろお世話になりました、といわれ、先生は『夜明け前』の出版に関係した社員――走り使いの小僧さんにいたるまで全員を会議室にお呼びになって、〝天丼〟をご馳走してくださったのです。わたくし、新潮社には五十年余いたのですが、こうしたことは後にも先にも全くありませんでした。一杯の天丼ですが、わたくしどもは心から『夜明け前』の出版をお祝いしたのであります」

『新潮社一〇〇年』

一方、当時の中央公論社社長・嶋中雄作にしてみれば、単行本を自社から出せなかったことは、よほど腹に据えかねる出来事だったと見えます。後年、新潮社の中根に向かって、「中根さん、『夜明け前』をおたくにヤラレた時は、本当に口惜《くや》しくって口惜しくってね……」と述懐したそうです(『新潮社一〇〇年』)。

私はこのエピソードを、「親父は本当にあれだけは口惜しがってね」と、つい昨日の出来事のように、子息である嶋中鵬二《ほうじ》氏(雄作を継いだ中央公論社三代目社長、故人)が語るのを聞いて、「歴史」

を感じないではいられませんでした。

「木曾路《きそじ》はすべて山の中である」という有名な冒頭の一節以外は、自分と縁遠い文学史上の知識でしかなかった『夜明け前』を、それで初めて手に取りました。ともあれ、両社の交流の逸話は、語りだせば切りがありません。

申し上げたいのはつまるところ、ともに明治期に出発したふたつの出版社が、その後の激しい社会変動の荒波に揉《も》まれながらも今日なお存続し、その間、競合関係にあったことも事実ですが、より巨視的に見れば共存共栄の間柄を築いてきたということです。お互いに切磋琢磨《せっさたくま》しながら、日本の出版文化の充実に力を尽くしてきたということです。

そこで、わが田に水を引く言い方をするならば、私もささやかながらその大きな流れの中に舟を漕《こ》ぎ出して、舵《かじ》を取ってみたいと思います。

一方から一方の出版社へと移り、新たに雑誌「考える人」に乗り組むことになりました。

読者の皆様のご支援をお願いする次第です。

二〇一〇年七月一日

No. 470

燕楽軒の常客

「その頃の滝田氏の文壇に於ける勢威は、ローマ法王の半分位はあったと思う」（菊池寛『半自叙伝』岩波文庫・講談社学術文庫）と、菊池寛をして言わしめた大正期の名編集者、滝田樗陰の遺品が日本近代文学館に寄贈されたというニュースは、二〇一〇年の夏に新聞で知りました。谷崎潤一郎、志賀直哉、室《むろ》生犀星《うさいせい》をはじめとする全六七人、二一四作品の直筆原稿と、樗陰宛ての諸家五六人からの書簡一七一通というものでした。樗陰の孫にあたる方が、都内の自宅で茶箱などに入れて保管してきましたが、自身が高齢になったこともあり、資料を散逸《さんいつ》させたくない思いから寄贈することに決めた、とありました。

その一部が先週の土曜日（十一月二十六日）まで、目黒区・駒場公園内にある日本近代文学館で公開されていました。会期終了ギリギリになってしまいましたが、作家が残した推敲《すいこう》の痕跡と、樗陰の朱文字の指定が書き込まれた貴重な現物をなんとか見ることができました。滝田樗陰といえば、職業的編集者のパイオニアであり、明治・大正を通じて文壇・論壇を大きく動かした演出家でした。文学に限っていえば、雑誌「中央公論」に文芸欄を設けて発行部数を飛躍的に伸ばし、大正元（一九一二）年に三十一歳で編集長（主幹）に就任した後も、自ら精力的に作家のもとを訪れ、原稿集めに奔走しました。

その際、自家用の定紋《じょうもん》入り人力車を乗り回したため、「滝田樗陰の人力車」は半ば伝説と化しました。彼の人力車が家の前にとまることは、無名作家にとっては「幸運の訪れたしるしであり、既成作家にとっても、自分の存在が忘れられていないことの確証であった」（杉森久英『滝田樗陰』中公新書）というのです。残されているさまざまなエピソードを読む限りでも、情熱あふれる凄腕の編集者であったことは間違いありません。

それだけに、今回名を連ねた作家の顔ぶれも、大正期に活躍した人はすべて出揃っているといっても過言ではありません。ワープロ、パソコンの原稿にすっかり毒された目には、久々の直筆原稿というのは眩《まぶ》しく、新鮮でした。何度もタイトルを推敲した様子が明らかな室生犀星の「性に眼覚める頃」。ビアズリーの絵を背景にあしらった専用の原稿用紙に書かれた佐藤春夫の作品は、原題の「赤木清吉」が樗陰の改訂で「侘びて住む」に変更され、さらに雑誌掲載時は「侘びしすぎる」

になるという作品生成のプロセスが読み取れます。

また執筆された背景などの解説を読みながら眺めると、肉筆の個性に加えて、その人の「人間のにおい」が立ち上ってくるのを感じます。近松秋江の「第二の出産」の原稿の脇に樗陰宛ての書簡がありましたが、稿料をすぐさま借金返済と生活費にあてる作家の切迫した息づかいが伝わってきます。

思わずじっと立ちどまってしまったのは、宇野千代「墓を発《あば》く」の原稿の前でした。彼女の文壇デビューを彩るエピソードの中で、語り草となっている作品だからです。京都で同棲生活を送っていた相手が東京帝大に進学したのを機に、小石川に移り住んだ宇野さんは、本郷三丁目の角にあった「燕楽軒《えんらくけん》」という高級西洋料理店で「給仕女」をしていました。たった十八日間だったようですが、その間、毎日必ずランチを食べにやってきて、高額のチップを置いていく客がいました。


「金時さん」と言う渾名の、血色の好い赫ら顔をしていて、りゅうとした和服姿の客であったが、いつでも私の受け持ちの席に腰を下ろし、一言も口を利かないで、猛スピードで食事を済ませ、がっと一息にビールを飲み干すと、食事代のほかに、きまって卓子《テーブル》の上に、五十銭玉の大きな銀貨をぽんと一つおいて、そそくさと立ち去るのであった。

それが、一本通りを隔てて燕楽軒の真ん前にあった中央公論社の滝田樗陰でした。宇野さんは、その時滝田が何者であるのか、よくわからなかったようですが、その「大きな五十銭玉の銀貨を貰うのだけが目的で、毎日いそいそと燕楽軒へ通って行った」とあります。そして、十八日経ったところで、それまで質草《しちぐさ》に取られていた物を引き出せる金額が溜まったのを潮に、あっさり店を辞めたのでした。

その後、北海道に職を得た夫（先の相手と正式に結婚）に従い、札幌に移った宇野さんは、女学校で身につけた裁縫の腕をいかして仕立物に精を出すかたわら、馬橇《ばそり》の鈴の音を聞きながら小説を書き始めます。「時事新報」の募集した懸賞小説に応募し、それが一等に当選します。ちなみに、二等が尾崎士郎、選外が横光利一《よこみつりいち》でした。それからは、「自分にはものを書く力がある」と信じ、夜も昼も書きます。「最早《もは》や、仕立物をする時間なぞはなかった」と。

書いたものはどうする気か。それは心の中で決めていました。燕楽軒で会った滝田樗陰に原稿を送れば、必ずや「中央公論」に掲載されると信じて疑わず、書き上げるとすぐに書留郵便にして送るのです。ところが、採否の連絡がいつまでたっても滝田からはありません。「うんともすんとも」

宇野千代『生きて行く私』角川文庫

何の返事も届きません。必ず掲載されるはずの原稿なのにどうなったのか。

何か事故があったのだ。何かの事故によって、樗陰の手許まで届かないのだ。そう思うと矢も楯も堪らず、私は東京の中央公論社へ出掛ける決心をした。……
東京へ着くと、私は真っ直ぐに、本郷の中央公論社へ行った。瀧田樗陰は社にいた。三階まで駆け上がったので、私は息がきれた。「あの、あの、私のお送りした原稿は、着いてますでしょうか。もう、お読みになって下すったでしょうか」と言うその私の言葉も終わらない中に、樗陰は、そのときすぐ眼の前に積んであった、六、七冊の雑誌の一冊を手にとって、ぱさりと、私の眼の前に投げ出し、「ここに出てますよ。原稿料も持って行きますか」と、まるで、怒ってでもいるように言ったものであった。

前掲書

それが「中央公論」大正十一（一九二二）年五月号に載った「墓を発く」でした。宇野さんは「ぶるぶると足が慄《ふる》え」、同時に目の前に投げ出された「夥《おびただ》しい札束」に「腰も抜けるほどに驚」き、滝田に礼を言うのも忘れて、表へ飛び出します。そこからの回想もあまりに面白すぎて、何度読んでも吹き出します。しかし、このエピソードはどこまでが本当で、どこからが創作だろうか、といささか首をかしげていたことも事実です。

ただ今回、藤村千代と署名のある生原稿を前にして実感したのは、まぎれもない宇野さんの気迫でした。丁寧な文字で注意深く書かれた原稿からは、作家をめざす彼女の一途な思いが伝わってくるようでした。「小説は誰にでも書ける。それは毎日、ちょっとの時間でも、机の前に坐ることである」と後年語っていた宇野さんの面影がよみがえります。

写真提供：日本近代文学館
滝田樗陰

それにしても樗陰という男はとてつもないスケールの人間だったようです。大正十四年に四十四歳の若さで亡くなりますが、没後、樗陰と親交のあった各界の人々からの要望に押されて、「中央公論」は異例の追悼特集一二〇ページを組み、三五氏の追悼文を掲載しています。当時の社長がその中で、「この天賦の絶倫の精力が実に大部分わが中央公論の編輯《へんしゅう》に現れた」と書いていますが、ともかく情熱家、活動家、努力家、並はずれた読書家にして健啖《けんたん》家であり、エネルギーの量がとてつもない人物であったことは誰しも認めるところです。

ですから、こんな人の下で働いた人たちは、それぞれに大変な思いをしたようです。人力車を曳《ひ》いていた善さんという人は樗陰にとても愛されたのですが、「とうとう滝田さんに曳き殺されましたよ」と車夫仲間に言われるほどの激務でした。

あるいは、「樗陰の旺盛な、そしてときどき興味の対象の変わる気まぐれな読書熱」に振り回された部員は、分厚い洋書を何冊も読破するために苦しみました。また、樗陰は「健康と活力の源泉は美食あるいは大食にありと信じていた」らしく、「大いにカロリーを摂《と》る必要がある」と言って「カロリー、カロリー」を連呼しながらカツレツ、ビフテキ、コロッケにフォークを突き刺して、幾皿《いくさら》も平らげていたといいます。さらに人に飲み食いさせることが大好きという性格の持ち主で、それがしばしば強引過ぎたため、「食らい殺されはしないかと、不安を感じた」人も少なくなかったようです。死にいたる腎臓の病は「過飲過食」のせいではなかったかと見る人もいますが、ともかく太く短く、この時代を駆け抜けたという印象です。

一方で家庭人としては三女に恵まれ、「ほとんど溺愛《できあい》というにちかい可愛がり方をした」といいます。子どもたちを叱ったのはただ一度きりで、娘たちも父に叱られたという記憶はそれ以外にないそうです。「女の子十になりけり梅の花」——長女である静江さんが十歳の時、夏目漱石が書き贈った色紙には、「梅の花」が文字ではなく、絵で描かれています。

その静江さんは、病に倒れた樗陰が中央公論社を退く決意をする直前に、秋田の素封家《そほうか》のもとに嫁ぎました。病状がいよいよ悪化してきた樗陰のことが気がかりで、静江さんは結婚式の三週間後に一時帰京の途につきます。父との再会を胸に描きながら、自宅の近所まで来たところ、電柱に「滝田家」と書いた黒枠の紙が貼ってあるのに気づきます。樗陰が亡くなったのは、汽車が秋田を出る直前だったといいます。

今回の寄贈品を、ここまで大切に保管してきたのは、その静江さんの次女である諏訪間園井《すわまそのい》さんでした。

二〇一一年十二月一日

No. 399

自分の頭で考える

梅《うめ》棹《さお》忠夫さんが亡くなりました。九十歳。訃報《ふほう》の見出しには「知の探検家」「独創的な文明論」「知の一線　談論風発」といった言葉が並んでいましたが、私にも感慨がありました。というのも氏の最初の著作である『モゴール族探検記』（岩波新書）を高校時代に読んで、こういう学問の世界もあるのか、書斎や研究室に閉じこもって黙々と勉強するのではなく、人の行かないようなところへ出かけ、そこで何カ月も暮らしながら見たこと、考えたことを記述すれば、それもまた学問になるんだ、ということを最初に教えられたからです。フィールドワークという言葉に魅せられた日のときめきは、アカデミズムとは別の道を歩むことになったいまもなお、心のどこかに生きています。

結局、梅棹さんと直接仕事をする機会はありませんでしたが、あまりにも有名な論壇デビュー――三十七歳の理科系の学者が世界史を論じ、当時の思想界に「コペルニクス的転回」をもたらしたとされる「文明の生態史観序説」（一九五七年）のインパクトや、六十五歳で視力を失ってなお、いささかも執筆の意欲が衰えることなく、全二三巻の著作集（中央公論社）を四年八カ月がかりで刊行したいきさつなどを先輩編集者たちから教えられ、自由闊達《かったつ》にして勇敢な、外柔内剛《がいじゅうないごう》の京都人という印象を抱いていました。没後いくつかの追悼文が出ましたが、一番印象的だったのは梅原猛《たけし》さん（哲学者・元国際日本文化研究センター所長）の一文でした。少し長いのですが、そのまま引用したいと思います（読売新聞二〇一〇年七月七日）。

梅棹氏について忘れられない思い出がある。ある料亭で梅棹氏などと酒を飲んでいるところに突然、酔っ払った中国文学者の吉川幸次郎先生が入ってきた。その吉川先生のただならぬ様子に気づいて、梅棹氏の隣に座っていた私が席を空けると、そこへ吉川先生が割り込んできた。吉川先生ほど中国の文献を深く正確に読み込んだ学者はなく、そのような吉川先生は、文献研究よりフィールド調査を重視する梅棹氏の学問について不快感を抱いていたようであった。そこで二人の間で、文献研究が重要か、フィールド調査が重要かという大論争になり、ついに吉川先生が梅棹さんにつかみかかった。それを見た上山春平氏と福永光司氏が二人の間に分け

入り、柔道五段の福永氏が吉川先生を羽交い締めにして別室に連れていった姿が今でも瞼にありありと浮かぶ。私はこの二人の凄まじい喧嘩を見て、二人の学者をますます尊敬することになった。

酔った作家同士の取っ組み合いや、編集者の乱暴狼藉《ろうぜき》に立ち会うことはよくありましたが、第一級の学者同士のこうした「信念の激突」はさぞ凄まじかったであろうとしか言いようがありません。同時に、おそらく昭和四十年前後かと思うのですが、その頃の京都にみなぎっていた学問への情熱、若々しいエネルギーに憧憬《しょうけい》や羨望《せんぼう》を感じないではいられません。

ちょうどこの文章に接した直後に、西洋史家の樺山《かばやま》紘一さん（印刷博物館館長）から梅棹さんの思い出を聞く機会がありました。樺山さんは若い頃に、約七年間、京都大学人文科学研究所で梅棹さんの謦咳《けいがい》に接した間柄ですが、その時に戒《いまし》められたこととして次の二点を教えてくれました。

①「文章はわかりやすく書かなければいけない。誰でも理解できる（隣の豆腐屋のおばさんにもわかる）平易なものでなければならない」

②「本を読み過ぎるな。読み過ぎるとバカになる。読む本の数はなるべく減らして、そのぶん現場に行って歩け。自分の足で歩いて、自分の頭で考えろ」

「本は読み上げた時、耳で聞いても理解できる難度のものでなければならない」ともおっしゃったそうですが、失明後は秘書に読み上げてもらいながら読書し、執筆は「口述ワープロ打ち」で行っていた氏の姿がダブります。

梅棹さんは若い時分に「人生と学問の師」である今西錦司《きんじ》さんから厳しく文章指導を受けた、とも語っています。「フィールドワーカーは必ず報告書を書かなくてはいけない、ただし一般には難しく書くのがえらいという思い込みがあるけれども、『読んでわかるように書かなあかん』」。こう言われて徹底的に文章を直された、と。また、学者の基本的姿勢として、今西門下では「だれかが人の本の引用をしたりすると、『君、それは自分の目で見たことか』とたたかれ、〝借りもの〟の学説で発表するのは許されなかった」とも（「時代の証言者　文明学」、『梅棹忠夫に挑む』所収、中央公論新社）。

①も②も言葉にするとアッサリしたものですが、どちらも不断の努力と強い意志が必要です。「誰でもわかるように書く」「自分の目で見て、自分の頭で考える」――まるでイチロー選手に

バッティングの極意を尋ねた時の答えのような気がします。免許皆伝《かいでん》の文句が大概そうであるように、あっけらかんとした近寄りがたさがあります。

「自分の頭で考えた『オリジナル』しか評価しない。それが学問に対するわたしたちの姿勢でした」

「時代の証言者　文明学」

「あるきながら本をよみ、よみながらかんがえ、かんがえながらあるく」（梅棹忠夫『日本探検』講談社学術文庫）を実践し続けた人の足跡を振り返ると、その領域の広がりとそれを可能にした発想の豊かさ、知的鍛錬の革新性に驚かされます。梅棹学説の独創性とともに、その生き方に惹かれる所《ゆ》以《えん》です。

二〇一〇年七月十五日

No. 641

言論統制の時代

河原理子『**戦争と検閲　石川達三を読み直す**』（岩波新書）

検閲、伏字《ふせじ》、削除、発禁、差し押さえ、筆禍《ひっか》……おどろおどろしい文字の羅列《られつ》を見て、これが日常茶飯だった時代を具体的に思い浮かべられる人は、もはやほとんどいなくなりました。「安寧秩序を紊乱《ぶんらん》」「造言飛語」といった罪にいつ問われないともかぎらない圧迫感、「言論弾圧」の肉体的恐怖をひしひしと感じながら働いていた編集者の先輩たちが、八十年前にはたくさんいたのです。

石川達三《たつぞう》。一九〇五年秋田県生まれ。数々のベストセラー小説を世に送り出し、一九八五年に東京で没したこの作家を、二〇一五年のいま思い出させるようすがとしては、又吉《またよし》直樹、羽田《はだ》圭介という若い作家の受賞に湧く芥川賞が創設された八十年前に、第一回芥川賞を受賞したのが石川達三だったという文学史的事実くらいのものでしょう。東北の農村からブラジルへ渡ろうとする移民の姿を描いた「蒼氓《そうぼう》」により、太宰治、高見順といった有力候補を退けて、この「無名作家」が初の受賞者に決定しました。

しかし、この作品が「文藝春秋」一九三五年九月号に掲載された時、伏字だらけだったという事実は、本書で初めて知りました。「彼女は……………女であった」というのは「彼女は身を護る術を知らない女であった」であり、「文句あ言われねえべ。×××の御飯でねかよ！」の「××××」は天皇陛下、「××さ行きてくねえべ」の「××」は兵隊といった具合。

この一九三五年というのは、日中が全面戦争に突入する二年前ですが、美濃部達吉《みのべたつきち》が三十年来唱えてきた「天皇機関説」が、突然、軍部や右翼系論者によって「不逞《ふてい》思想」だとやり玉に挙げられ、政治問題化した年でもありました。やがて著書が発禁処分を受け、美濃部は貴族院議員の公職からも身を引くことになりますが、そういう不穏な世相の中で、「第一回芥川賞として華々しく打ち出す作品が、万が一にもいちゃもんがつくものであってはならない」と版元が判断し、多数の伏字を配したのだといわれます。

三年後、石川の名前を文学史に刻むもうひとつの事件が起こります。日中戦争に従軍して戦場風景をリアルに描いた小説「生きている兵隊」によって、掲載誌の「中央公論」が発売禁止、作者および編集長、発行人の三人が起訴され、石川は新聞紙法違反で禁錮《きんこ》四カ月、執行猶予三年の一審有罪判決を受けます。

それに対して菊池寛《かん》が、「文藝春秋」同年五月号に、「本誌は、思想問題で、注意を命ぜられたり切取りを命ぜられたことは今迄も絶対にないと言ってもよい位だ。今後ともその点は極力注意するつもりである」と述べていることも本書で初めて知りました。

菊池は元来リベラルな人間だったが、一九二九年に『文藝春秋』が発禁になったとき、経済的打撃を受けたことに腹を立てて、不注意な編集部員を辞めさせたという。発禁の次の号で一頁割いて釈明し、問題部分を切り取った雑誌を定価で売ったのは申し訳ないが、文藝春秋の財産の、少なくとも四分の一、多ければ半分にあたるほどの損害を受けたので、こういうときは文句を言わずに買っていただきたい、と読者に懇願している。

菊池寛という稀代《きたい》の出版ジャーナリストの発言であるだけに、この時代の空気や現実感覚がよく伝わってきます。彼はまた、「自分は……絶対に発売禁止の危険を冒さないことを声明してあるし編集員にも発売禁止を警戒することを、よくよく言いきかしてあるのだが、直接編集者の頭の加減で、ああ言う馬鹿々々しい災禍を買ったのは残念である」（「文藝春秋」一九二九年十一月号）とも述べ

ています。第一回芥川賞受賞作の伏字は、その意味では当然すぎる配慮だったと言えるでしょう。現在の観点からすれば、自己規制が過ぎるとか、過剰反応ではないか、とか何でも言えそうですが、こういう状況に押し込まれた中で、人はどのような対抗手段を取り得るのか。いまの感覚で単純に裁断することは難しいでしょう。

本書は石川の「生きている兵隊」事件とは何だったのか、を丹念に検証するところから筆を起こします。驚いたのは、その日——一九三八年二月十九日の「東京朝日新聞」一面が全ページを、当日発売の「日本評論」と「中央公論」二誌の出版広告に当てていることです（いまの常識では考えられません）。そして「中央公論」の広告の左端に、よく見るとほんの小さな文字で、「創作に事故あり、陣容を新たにして近日発売！　それまで御待ちあれ！」とあります。本来ならば、目玉商品の〈石川達三「生きている兵隊」〉の文字が大きく躍っていたはずのスペースです。別ページに「中央公論を発禁／『生きている兵隊』等忌諱《きき》に触《ふれ》る」の記事があり、事件が報じられています。何が「忌諱に触れた」かは明らかにされていません。

私自身はこの事件から六十年以上も後に「中央公論」の編集長職に就きました。そして何度か必要があって、当時の関係者の証言、回想録（参考文献として本書の巻末に掲げられています）のほとん

東京朝日新聞　昭和十三年二月十九日（土曜日）　THE TOKYO ASAHI SHIMBUN (Saturday, February 19, 1938.)

革新途上の日本
言論統制と新聞の將來
言論統制とジャーナリズム　阿部眞之助
大學・眞理・國家　三宅雪嶺
全体戰爭財政論　高木壽一
文官制度の改正について　蠟山政道
今議會の農政問題　東浦庄治
思想の問題と大學の革新　室伏高信
總動員法批判　新明正道
企業の機關性
日本文學の中心　佐藤春夫

日本評論　三月號　特價一圓
別冊附錄　支那語讀本　附 支那語字典
大内兵衛その他
官僚の暗闘
歐米より歸りて　鳩山一郎
北京と天津
流言蜚語をつくる人々
大陸に巢喰ふ人々
事變と海外放送　下村海南
戰線からの手紙
沼間守一と嚶鳴社　木下尚江
齋藤實日記
漢口—南京徒歩行　雨宮巽
人氣政治家・末次信正　和田日出吉
技術的經濟の時代
思想統制をめぐりて
文學に缺けたるもの
賀屋財政を批判す
アジアの子　佐藤春夫
小說　秩序　和田傳
座談會　事變下の學生を語る

中央公論　三月號（特價壹圓）
絢爛たる時代の寵兒
戰時第二年の日本（特輯）
增稅と大衆負擔　牧野輝智
現代政治の貧困　今中次麿
思想統制と風俗統制　谷川徹三
インフレへの警戒　石橋湛山
公債消化と增稅　阿部賢一
國家總動員法案　片山哲
円貨にリンクする一方策　越智元治
長期戰と日本經濟力の強靭性　高橋亀吉
輿論の再吟味　新明正道
スターリンと赤軍　ヴォロシロフ
曝露された聯合國の秘密條約　バルフォア
三十五番教室　牧野英一
文壇的自叙傳　正宗白鳥
歐洲政治家印象記　鳩山一郎
融雪期（裁判夜話）　三宅正太郎
二三の春花品隲　牧野富太郎
人形思ひ出るまゝに　西澤笛畝
中國共產黨の抗日戰略　毛澤東
伊藤大隈板垣と私　尾崎行雄
憲法發布の頃
議會記者生活五十年
英米海軍の動向　水野廣德
流感　安田德太郎
官吏官僚　杉山平助
悲劇の大関大の里　尾崎士郎
風俗時評　新居格
原敬　原奎一郎
ソ聯外交の動向　秋山憲夫
ナチスと國防軍　永戸政治
動搖のフランス
英獨の關係　伊藤正德
陣痛期の歐洲　清澤洌
支那事變の第二期
世界戰下の日支戰
支那軍とゲリラ戰　佐渡愛三
長期戰相場の將來
漫畫慈姑談　岡本一平
チャプリン論
淺春風物帖
日本と自分
有閑隨筆　林語堂
創作に事故あり、陣容を新たにして近日發賣！それまで御待ちあれ！
中央公論社

東京朝日新聞（1938年2月19日付）の1面

どすべてに目を通しました。それにもかかわらず、本書によって改めて発見することが数多くありました。たとえば、「生きている兵隊」が掲載にいたる過程、発禁処分が決まった後の出版社の対応などです。

石川が中央公論社特派員として上海、南京に向け出発したのは、一九三七年十二月二十九日です。戦地の様子は大本営や内地の新聞が伝えているのとだいぶ違うようだ、という石川からの提案で、二週間強の現地従軍取材の予定が組まれます。日程を消化し、東京の自宅に戻ったのが翌年の一月下旬。二月十九日発売の三月号に間に合わせたいという中央公論社の要望で、二週間くらいでしゃにむに仕上げた三三〇枚の原稿が、すべて編集部に渡ったのは二月十二日未明とされます。そこからちょうど一週間後の発売日をめざして突貫作業が始まります。

編集者は原稿内容を点検し、伏字の手当てをしなければなりませんが、ともかく時間の余裕がありません。ページを開けて待っていた編集部は、「そら来たとばかり」印刷所に原稿をまわします。組み上がってきた初校を見て、編集者たちが「伏字、削除、能《あた》う限りの手段」で検閲に備えます。発行人である出版部長が作品に目を通したのは、その作業を終えた校了刷でした。

――読み出すと私の目は原稿に吸いつけられたようで、完全に魅了されてしまった。エネルギッ――

シュで野心的な新進作家は、直接戦場を馳駆《ちく》して、その生ま生ましい現実を心にくいまで的確に把握している。……戦争について、こういう報道と描写を見たこともない私は、憑《つ》かれたもののごとくに一気に読み了《お》えた。そして吾にかえって愕然とした。これはとても通らない。
牧野武夫『雲か山か』中公文庫

軍部が黙って見過ごすはずがない、という判断です。しかし、掲載すべし、という編集長の決断でことは進行していきます。やむなく、すでに回り始めていた輪転機を止めながら、鉛版を削ってさらに削除を加え、軍部を刺激しないようにぎりぎりの措置を講じます。

不安はぬぐいきれなかったようですが、発売前日には作者と担当者は銀座でささやかな祝宴を張ります。ところが、その日のうちに発禁処分は決定しました。「携帯電話もない当時のこと。外に出てしまった編集者と作家に、連絡は届かなかったようだ。翌朝早くに警視庁から電話で出頭を命じられ」、担当者は初めて事態を知らされます。

すでに書店に出回った雑誌が、各警察署に押収される。出版社は雑誌を売らなければ収入が得られない。それで、問題の作品だけを切り取って、残りを発売するための「分割還付」申請をする。認められれば、警察署に行って当該雑誌から問題とされたページを切り取って、雑誌をもらい受け、それを発売するのである。

つまり、全社員が手分けをして各警察署をまわり、押収された雑誌から問題箇所だけを切り取って「改訂版」を作成し、それらをもらい下げてくるのです。当時の「中央公論」の発行部数が約七万三〇〇〇部。全冊が回収されたわけではないにせよ（約一万八〇〇〇部が差し押さえを逃れ、それが海外で翻訳されるなど後々問題をこじらせます）、尋常の数ではありません。

三月号は全体で約六〇〇ページ。そこから一〇六ページ分を切り取ります。発禁馴れした社員の中にはいつの間にかこの作業に習熟し、発禁対策用に「削除専用小道具」を考案した人間までいたといいます。それにしても当時八〇名足らずの社員で、押収された約五万五〇〇〇部を処理するとなれば、単純計算でも一人あたり七〇〇冊近くから切り取らなくてはなりません。たいへんな肉体労働です。その間じゅう、胸にどういう思いが去来していたか、想像するだけで暗澹《あんたん》たる気分に襲われます。

やや話題がそれてしまいますが、戦後になり、石川達三が毎日新聞に連載した『風にそよぐ葦』（一九四九年～一九五一年）が、このほど上下巻二冊の文庫本として刊行されました（岩波現代文庫）。

悪名高い「横浜事件」などの言論弾圧に抗した当時のインテリ群像を描いた社会小説です。全部で優に一〇〇〇ページを超える大作ですが、さすが練達の筆によって、長さをまったく感じさせない作品です。

上巻の一〇八ページでいきなり有名な場面に出会います。情報局に出頭を命じられた新評論社社長の葦沢悠平（中央公論社社長の嶋中雄作がモデル）が、そこで「日本思想界の独裁者」（清沢洌『暗黒日記』岩波文庫・ちくま学芸文庫）と恐れられた、「年のころまだ三十二、三にしかならない佐々木少佐から厳命を言い渡されます。

「君の雑誌は今後、毎月十日までに全部の編集企画を持って来て見せること。よろしいな。提出されなかった編集企画は一切掲載をゆるさないことにするから、承知して置きたまえ。用件はそれだけだ」

石川・前掲書

葦沢社長が反論を試みると、激昂《げっこう》した佐々木少佐は机の上の「新評論」を平手でふたつ叩いて、言い放ちます。

「……今はどんな時代だと思っとる。国民ことごとく戦争に協力しとるんだ。個人々々の立場なんかすべて犠牲にして居るんだ。一番大事なのは誰の立場か。言って見ろ！　国家の立場だ。国家の立場を無視して自分の雑誌の立場ばかりを考えて居るからこそ、こういう自由主義の雑誌をつくるんだ。君のような雑誌社は片っぱしからぶっ潰《つぶ》すぞ」
同

この小説は大評判となり、ほどなく映画化されました。

言論弾圧の鬼のごとく、悪の権化として描かれた佐々木少佐のモデル――「泣く子も黙る」と言われたスズクラこと鈴木庫三《くらぞう》少佐の実像がどうであったか。極貧から身を起こしたその数奇な生涯を、彼の日記から丹念に解き明かした労作が、佐藤卓己氏の『言論統制』（中公新書）です。

これによれば、鈴木少佐はいわゆる大言壮語の軍人タイプ（サーベルをガチャガチャ鳴らして、およそ知性のかけらもなく、粗暴で愚昧《ぐまい》な）とは異なり、刻苦勉励《こっくべんれい》型の謹厳実直《きんげんじっちょく》な人間で、そのあまりの真面目さ、融通の利かない頑固さが、知的エリートたちに忌避《きひ》されたという側面が浮かび上がります。自分の置かれた状況に対し、「よかれ」と信じて行動した一人の生き方に、単純な類型化はなじみません。大きな時代の流れとして、長い時間をかけながら、言論統制は一人ひとりの肉体をゆっくり締め上げていたのです。

そして一九四四年七月十日、新評論社社長と改造社社長は情報局第二部長から出頭を命じられます。「新評論、改造両社の営業方針は戦時下国民の思想指導上許しがたいものがあるから、自発的に廃業せよ。両社はその社名、権利、雑誌題名、その他一切を他人に譲り渡すことは許さない」と宣告されます。

こうして実際に、「自主廃業」に追い込まれた中央公論社は、七月三十一日、大東亜会館（現在の東京會舘）で最後の会食を開きます。「社員七九人中、入隊や検挙で欠けたものも多く、出席は四〇名。海草のスープにイルカのカツレツというさびしいメニュー」で、入院中の嶋中雄作社長からは「お別れの言葉」が寄せられました。

……思えば永い間の悪戦苦闘でした。今日刀折れ矢尽きた形で退却しますけれど、思い残すことは何一つありません。国家の為に良かれと思った我々の誠意は、何時の日にか必ず認めらるる日のあるのを信じます。過去五十九年の足跡は厳として我が文化史の上に遺るでありましょう。この際我々は何も云わないで、大波の退いて行くような形で、何の跡形も残さないでこの世から消去りたいと思うのです。為すべきを為しつくした人間の最後はかくあるべきだと云うことを、皆さんの態度に於て示して下さい……。

『中央公論社の八十年』

「生きている兵隊」で筆禍事件に巻き込まれた石川が、戦後、どのような運命に見舞われたか——。言論弾圧のくびきから逃れたはずの作家が、今度はＧＨＱによる検閲にあい、一九四六年、〝快心の作〟と意気込んだ「戦いの権化《ごんげ》」は、世に出ることもなく封印されました。この顛末《てんまつ》についても第四章に詳述されています。

二〇一五年七月二十三日

No. 501

素っ裸、真っ裸

いまから四十年ほど前の、町のちょっとした本屋さんには、「言語生活」（筑摩書房）、「言語」（大修館書店）、「月刊文法」（明治書院）、「國文學」（学燈社）、「国文学　解釈と鑑賞」（至文堂）といった雑誌の並んだコーナーが売場の片隅に必ずありました。大学の「文学部」の看板にいまよりもう少し威厳が備わっていて、学生数も多かった時代の話です。

なかでも「言語生活」には、国立国語研究所の見坊《けんぼう》豪紀《ひでとし》さんの「ことばのくずかご」という気取らない定番コラムが載っていて、これが読みたくてつい手に取るのが常でした。いまの日常的な日本語がどのように変化し動いているのか——言葉の誤用や言い間違い、新語・流行語・俗語・珍妙語など、国語辞典にはまだ載っていないけれども、現に使われている実例を採集し、その生態を丹念に紹介しているページでした。代表的な例として、「喜んではいけません」という次の文章があります。

「おじさまは気のおけない人ね」とカワイコちゃんから言われたら、私は喜ぶ。ところがどっこい、これは「気が許せない」と言っているのだ。彼女たちは本気でそう信じている。……今の若い人は、「気のおけない人」を「気の許せない人」の意味に使っている……いったい、いつからこう変わったのか。何歳ぐらいがさかい目なのか。

見坊豪紀『〈60年代〉ことばのくずかご』ちくまぶっくす

また「若者のことば」という項では、作家の遠藤周作氏と歌手のいしだあゆみさんの対談の一部が引かれています。

周作　家へ帰るとなにをやる?
いしだ　ボケッとしてます。足をバーッと投げだして。
周作　いい言葉だな、ボケーッか。きょうの収穫だぞ（大いに笑う）。

前掲書

基本的には、新聞、雑誌などから抜き出された、ほんの数行の文章が並んでいるだけなのですが、これが面白い。「仕事を進めていくうちに、自分の胸にしまっておくのは惜しい、人に知らせ共に驚き、感心したい」と思った事例の粋を、毎月ご披露いただいている感じでした。

「言語生活」には、他にも「現代文学とことば」というう作家のインタビュー・シリーズがありました（一九七六年一月号〜十二月号）。連載の翌年にすぐに単行本（『作家の文体』筑摩書房）としてまとめられますが、登場する顔ぶれを並べてみるだけでも、吉行淳之介、井伏鱒二《いぶせますじ》、小島信夫、円地《えんち》文子、永井龍男、里見弴《とん》、尾崎一雄、庄野潤三、田宮虎彦、瀧井孝作、網野菊、小林秀雄、武者小路実篤《むしやのこうじさねあつ》、堀口大學、大岡昇平といった錚々《そうそう》たる人たちです。いまと比べて作家の肉声を伝えるメディアが少ないせいもありましたが、作品から受ける印象とはまた違った素の語り口が新鮮でした。

とくにこの企画がユニークだったのは、作家に作品論を語らせようというのではなく、聞き手の関心が「文体論」に限られている点でした。したがって、文学表現の技法やその効果について言語学的にどう考えるのか、という観点から、質問がきわめて具体的、直截《ちょくせつ》的に繰り出されていました。たとえば、井伏鱒二氏とは次のようなやりとりです。

——文章の好き嫌いはかなりありますか。

井伏 藤村はいい文章でしょうが、僕は嫌いだな。谷崎さんも嫌いだ。木賊《とくさ》で磨いたような文章。

——いい文章だというのは、実際にそう感じられるんでしょうか、世評じゃなく。

井伏 いい文章のようですよ。粗雑でないし、鍛えてある感覚だけど、どうも好きになれない。……酒を呑まない人は心臓がいいから長い文章になる。谷崎さんも酒を呑まないので長い文章ですよ。……

——一般に、長いのはお嫌いですか。

井伏 ええ、頭がごちゃごちゃになっちまう。

また、井伏さんの『厄除け詩集』（講談社文芸文庫）に載っている、つとに名高い漢詩訳「花ニ嵐ノタトエモアルゾ、サヨナラダケガ人生ダ」の、訳の魅力について尋ねると、

井伏 あれを五七五にしたら上品な訳になっちまう。肩が張ってしょうがない。それを七七調

の土俗趣味にした。あれは安来節で唄えますよ、櫓《やぐら》の上で。親しい気持になるんだな。七七にすると失敗したって構わない。五の字ってもんは恐ろしいもんだよ、日本人には。軍歌をこさえたり、悪いことをしてきた。女で歌を作る人なんか、嫌でね。五七調がいけないんじゃないか。イヤらしいのがいるよ、歌詠みの。俳句はそんなことはないけど。それから、将棋をさす人はいいが、碁を打つのは嫌な奴が多いな。どうもそういう気がする。

——**碁と短歌は通うものがあるんですか。**

井伏　上品なんじゃないかな。阿佐谷会で将棋をさしてた人が、碁が好きになっちゃったら、みんな癌で死んじゃったよ。

——**やっぱり将棋と釣が一番ですか。**

井伏　釣好きは助平だ。酒呑みで、気が短くってね。

この井伏インタビューについては後日談があって、後にこの本が文庫化される際には、右記の一部が削除されました。しかしその後、別の単行本に収められる時には元通りになった、といういわくがあります。それはさておき、こうしたざっくばらんな談話を引き出していた聞き手が、当時は少壮の国語学者であった中村明さんです。そんなご縁から、氏の著作は努めて目を通すようにしていました。『名文』（ちくま学芸文庫）、『悪文』（同）、『日本語のコツ』（中公新書）、『笑いのセンス』（岩波現代文庫）、『笑いの日本語事典』（筑摩書房）、『語感トレーニング』（岩波新書）など、いずれも日本語表現の多様性や奥の深さを伝えてくれる好著です。

また、『比喩表現辞典』（角川書店）、『感情表現辞典』（東京堂出版）、『感覚表現辞典』（同）、『人物表現辞典』（筑摩書房）などの編纂もされていて、それらの蓄積が二〇一〇年十一月の『日本語　語感の辞典』（岩波書店）につながりました。「意味」だけでは説明し切れない、言葉のもつ「雰囲気」、微妙なニュアンスを伝えようとする試みでした。最終的に約一万一〇〇〇語が収録された労作で、類書のないユニークな辞典はたちどころに評判となりました。

文学作品からの引用がふんだんにあること、『小津の魔法つかい』（明治書院）という著作もある中村さんだけに、小津安二郎監督の映画作品の事例も多く、引用を読んでいるだけでも楽しめます。たとえば、書評などで取り上げられたのは、「ふくらむ」と「ふくれる」の違いでした。

川端康成の『雪国』に、主人公の島村がヒロイン駒子の乳房を求める場面で、「掌のありがたいふくらみはだんだん熱くなって来た」という例が出てくる。このような胸の「ふくらみ」が、もしも「ふくれ」などと書かれていたとしたら、すぐ病院で診察を受けたほうがいいよう

な病的な雰囲気に変化する。「ふくらむ」と「ふくれる」という両語の語感の違いがそこに端的にあらわれている。

中村さんにお会いした際に伺ったのは、思いがけない成り行きから項目に加えられた事例のことでした。『新明解国語辞典』（三省堂）の編者のひとりである柴田武さんが、会う人ごとに訊いていた質問に、「『素っ裸』と『真っ裸』は同じか、違うか」というナゾかけがあったそうです。これを、ある人から酒席でいきなり持ち出されて、四苦八苦して答えた分析を、『語感の辞典』には取り入れたというのです。

すっぱだか【素っ裸】「全裸」の意の和語。「素裸」の会話的な強調表現。〈下着も付けない――〉

すはだか【素裸】「全裸」の意の古めかしい和風の文章語。〈風呂から出て――で扇風機に当たる〉北杜夫の『狂詩』に「すっかり葉の落ちた枝々（略）は、――になって繊細な神経をさらけだしているかのようだ」という木に用いた比喩的な例がある。

まっぱだか【真っ裸】「真裸」の会話的な和語的強調表現。〈湯上がりに――で涼む〉全裸の状態をさす点では「素っ裸」と同じだが、両語は発想が違う。「素肌」「素手」「素足」と同様、「素っ裸」は衣類を一枚でも身につけているか否かという観点から、最後の下着を取り去った瞬間に実現する。一方、「真っ赤」「真っ正直」と同様、「真っ裸」は厚着から次第に薄着の状態に近づくというように連続的に全裸状態に接近する最終の結果である。前者は身をおおう布が一かゼロかというデジタルの世界であり、後者はいわばバスタオルを少しずつずらしながら最終的に実現するアナログの世界と見ることもできるだろう。若年層は俗に「まっぱ」と略して言う。

この記述を最後まで、笑わずに読み通すことは困難です。そして、ここまでの解説を読んで、ふと頭に浮かんできた文学作品については、心にくいフォローがありました。

まはだか【真裸】「全裸」の意の古めかしい和風の文章語。……川端康成の『伊豆の踊子』に「手拭もない真裸だ」、「私達を見つけた喜びで真裸のまま日の光の中に飛び出し、爪先で背一ぱいに伸び上る程に子供なんだ」という例が出るが、とりまく文章環境の品格から見て、

──「まっぱだか」でなく「まはだか」と読むべき表現と思われる。──

辞典においても、ご自身の著作においても、解説のそこはかとないユーモアが絶妙です。「ことばのくずかご」の見坊豪紀さんは「新聞を二時間、月刊誌を一時間、単行本を一時間という割合」で毎日欠かさず用例採集に精を出し、そこから「言語的事実」を丹念にカード化していきました。

中村さんが引く事例のバラエティも、実に適切で豊富です。「やはり日ごろからカードを作っておられるのですか?」と尋ねたところ、「カードは作りません」という返答です。本を読んだ時に気になった箇所の上に二本線の目印をつけておくか、それが面白い「笑い」表現であった場合は、「W」のマークを記す程度だとか。あとは記憶の引き出しから、「あの本の、あのあたりにあったはずだ」と勘で探し出すといいます。

語感は主観に左右されますし、時代とともに移ろいやすいのは、おそらく言葉の「意味」以上でしょう。それだけに、辞典という〝長期保証〟の書物にはなじみにくいはずですが、裏返せば、これを誰かが記録しておかない限り、歴史的な証拠が跡形もなく消え失せてしまう恐れがあります。ある時代の言葉の生きた痕跡をとどめておくためにも、こうした「ドン・キホーテ的な企画」（中村さん）は不可欠です。もちろん、一人ひとりが語感をさらに磨くためには、こういう刺激が必要です。

試しに、わが誌名「考える人」の「考える」を引いてみました。「筋道立てて思いめぐらす意で、くだけた会話から硬い文章まで幅広く使われる日常生活の最も基本的な和語」とあり、次のように続きます。

かんがえる［考える］……「自分のことばかり――・えて、周りの迷惑など思ってもみない」という表現からも、心に瞬間的に浮かぶ情緒を表す「思う」に対し、この語が頭である程度の時間をかけて行う理知的な思考をさすことがわかる。井伏鱒二の『鯉』の初めのほうに、今は亡き友人からもらった鯉を「不安に思ったが、暫く――・えた後で」下宿の瓢箪池に放す場面が出てくる。「不安に」とくれば「考える」という動詞は続かず、「暫く」の後に「思う」という動詞はぴったりしないから、ここでも両語の置き換えは日本語として不自然になる。ちなみに、その後引っ越し先に池がなく置き場に窮したその男は、思い余って早稲田大学のプールに放し、毎日面会に訪れる。とぼけた鎮魂歌だ。

「時代はほのぼのした深い笑いに飢えている。それ自体が感動を呼び文学となる、そういう上質のユーモアが待ち遠しい」という、中村さんの思い（考え?）が伝わってきます。

二〇一二年七月十二日

No. 415

「再版」の効用

050

「夢焼け」という言葉を先週、初めて知りました（読売新聞「編集手帳」二〇一〇年十月二十九日）。吉野弘さんの詩にあるというのですが、辞書にもないこの言葉をどうやって詩人が思いついたか、といえば、「あるとき、どこかの文選工が活字を拾い違え／私の詩の表題『夕焼け』を『夢焼け』と誤植したから」なのだそうです。編集手帳子によると、「二つの字形は似ていないが、『夢』は部首『夕』に属する文字で、印刷所の活字収納箱に隣り合って置かれていたことから生じたミスらしい」というのですが、「夢焼け」という語感、ちょっと粋《いき》な誤植と言えるかもしれません。

それで、ふと思い出したことがあります。二十六年前の出来事です。その頃、作家とともに日本各地を旅する雑誌連載を担当していました。ある時、水上勉《みずかみつとむ》さんと石川県を訪れ、その三回シリーズの一回で「暁烏敏《あけがらすはや》と涼風学舎　石川県松任市《まっとう》」という文章をいただきました。暁烏敏というのは、明治から昭和にかけて仏教の改革運動に奔走し、多くの信奉者を生んだ真宗大谷派の僧侶・宗教家です。石和鷹《いさわたか》氏の『地獄は一定《いちじょう》すみかぞかし　小説暁烏敏』という作品（新潮社、一九九七年）などが書かれています。

その暁烏ゆかりの地である松任市を、水上さんとともに取材し、暁烏の晩年を支えた秘書役の女性やお孫さんにもお会いしました。

ところが雑誌の見本ができ、社内配布されたところで、騒動が持ち上がりました。水上さんの文章とは別に、カラーグラビア三頁が組まれた記事構成だったのですが、そのグラビア写真のキャプションで、「暁烏」が「焼鳥」になっていると、社で誰よりも怖れられた厳格この上ない重役が発見したのです。みなが気の毒そうに私のほうを眺めました。

慌てて、印刷所から校了紙を引き上げました。調べると、最終段階で「暁烏」の二文字の挿入を指示したところに、誤って「焼鳥」が入っていたのです。単純ミス？　どうしてそんなことが起きたのか、にわかには理解できないことでした。すると、ちょうどその直前のページ（まったく別企画なのですが）の写真キャプションに、たまたま「焼鳥」二文字の訂正が入っていました。そこで、関係者一同思い当たったのです。

おそらく校了紙を見て最終的な文字校正をしていた印刷所の担当者が、「焼鳥」の二文字の修正を終えた直後に「暁鳥」の文字指定を見て、ついそこに「焼鳥」と打ち込んだのではなかろうか――と。つまり、これも「隣り合って置かれていたことから生じたミス」だったらしいのです。

経緯はともかく、結果的には大誤植に違いありません。大慌てで水上さん、取材したご遺族にお詫びの連絡をいたしました。水上さんは「そうか、暁鳥が焼鳥になったか」と電話口で呵々大笑《かかたいしょう》でしたが、松任市方面には面目《めんぼく》ないばかりです。次号に訂正記事を出すことで諒解をいただきましたが、痛恨の号はそのまま市中に出回りました。

さて、たまたまですが、先週のことです。友人から「極めつけの誤植を募集いたします」というメールが届きました。近く「気にするな、誤植は仕事の向こう傷」というコラムを書く予定なので「ユーモア溢れる、または心胆寒からしめる事例」を教えてほしい、という依頼でした。

彼が例として挙げてきたのは、①かつて岩波書店の奥付で、発行人を「岩波雑二郎」にした(正しくは雄二郎)、②同じく岩波書店で、ギリシャ悲劇の「アンティゴネー」を「アンコティゴネー」にした、③筑摩書房では、カバー背の社名が「筑房摩書」になっていた、④きわめつけは「汝、姦淫するなかれ」を「汝、姦淫せよ」とした聖書、などでした。ちなみに④について補足しますと、これは一六三一年、英国でのお話です。出エジプト記の「モーセの十戒」の第七条の否定詞 not が抜け落ちたために生まれた史上最大の誤植で、The Wicked Bible つまり『姦淫聖書（邪悪聖書）』とされ、いまや超お宝になっているそうです（世界に一一部残っているという説があります）。

いずれも「向こう傷」どころか「致命傷」的と思われますが、ともかくこの類の話は無数にあります。グーテンベルク聖書にして多くの誤植があるそうですから、印刷の歴史は誤植の歴史でもあります。「死屍累々《ししるいるい》」と言ってもいいでしょう。

日本の印刷所がとくに神経を使うのは、言うまでもなく皇室関係の記事です。戦前は「天皇陛下」を「天皇階下」と誤植したために出版停止処分を受けた出版社もあったそうですし、最近では「大正天皇」を「大正洗脳」として発売中止になった雑誌、「皇太子」の「太」が「大」になっていることに気づいて刷り直した（そのため発売延期になった）女性週刊誌の例などが記憶に新しいところです。私たちが日頃お世話になっている印刷所では、校正紙に紫色の「皇室関係原稿」というラベルが貼られ、ものものしく、関係者の注意を喚起する仕組みになっています。

他の記事の場合も、編集者、校閲《こうえつ》者、印刷所は誤植を防ぐため、目を皿のようにしてチェックに努めます。それでも不可抗力というか、防ぎきれないのが誤植です。Wikipedia で「誤植」を引きますと、「殴られ重体の老人死ぬ」が「殴られ重体の老人死ね」で出てしまった新聞見出しのようなブラックな事例や、訳者名の「川本三郎＝翻訳」が「川本三郎＝誤訳」となっていた〝ご愛嬌もの〝（ご当人にはお気の毒ですが）まで硬軟とりまぜの〝傑作集〟が挙がっています。

ちなみに、私の名前は「通和《みちかず》」なのですが、「通知」あるいは「道和」と間違えられることはしばしばです。高校時代、名簿で名前を読み上げる際に「つうち」と三年間言い続けた教師もいましたし、とても親しい仲なのに、ずっと私宛ての手紙もメールも、すべて「道和」になったままの人もいます（パソコンの入力ミスに気づいていないのでしょう）。

評論家の四方田犬彦《よもたいぬひこ》さんは本来「丈彦」というペンネームだったのですが、ある時「犬彦」と誤植され、そちらに合わせることにしたそうです。以前、エッセイで読みましたが、作家の倉本聰《そう》さんは「聰」が「聡」となって届く郵便物は、そのまま開封しないで捨てていたそうですが、あるとき、「聡」どころか「恥」とあるのを見て、さすがに言葉を失ったといいます。

さて、名著『時刻表2万キロ』をはじめ、数々の鉄道紀行をものした宮脇俊三さんは、私がかつて勤めていた中央公論社の大先輩です。私の出張予定表を横目で見るなり、〝人間時刻表〟と化してローカル線の乗継方法を指導してくださった、とても懐かしいお方です。

その宮脇さんは、一九五一年に結婚なさった奥様と、六五年に離婚されました。そして、六六年九月に、会社の同僚女性を新たな伴侶に迎えます。この二度目の結婚披露宴のエピソードをひとつ、ご本人から聞いたことがありました。

その前に、宮脇さんという人を少し解説しておくと、まさに「行くとして可ならざるはなし」のカリスマ編集者でした。一九六五年二月には、宮脇さんが陣頭指揮をとった『日本の歴史』（全二六巻）の刊行が始まり、第一巻の井上光貞《みつさだ》「神話から歴史へ」がいきなり一〇〇万部に到達しました。『世界の歴史』（六〇年）、「中公新書」（六二年）に続いて、自らの大型企画が大成功をおさめ、宮脇さんは破竹《はちく》の勢いでした。

出版社ではこうしてヒット作が出て、再版、三版と版を重ねていくことが何よりの慶事です。そして版を重ねるたびに、初版などで防ぎきれなかった誤植の類も修正されます。何度も版を重ねた本は信頼性が高まり、プロの間では尊重されます（初版本を珍重するコレクターの価値基準は別ですが）。

さて、その宮脇さんの二度目の結婚披露宴のことです。以下は、雑誌「旅」二〇〇〇年九月号の特集「宮脇俊三の世界」に掲載された結婚式の記念写真のキャプションです。ご自身が書いた文章です。

> 1966年9月結婚。2人とも再婚。仲人の嶋中鵬二中央公論社長のスピーチは「再版は誤植がなくなってよろしい」であった

この話は宮脇さんのお気に入りのようで、私が教わったのもこのエピソードでした。

二〇一〇年十一月四日

第2章

あらためて、書物とは何か

No. 449

装幀の奥義

司修『**本の魔法**』（白水社）

司修という名前をはっきり脳裏に刻んだのは、古井由吉《ふるいよしきち》さんの『杳子《ようこ》・妻隠《つまごみ》』（河出書房新社、一九七一年）の装幀家としてでした。表紙に描かれた「一本の木」の姿をした痩身の女性像が忘れられません。その頃、文学青年たちが「書いたので読んでみてくれないか」と見せてくれる原稿は、決まって神経を病んだ女性との恋愛小説、つまり「杳子」の二番煎じでした。一種の時代病にまでなっていたのかもしれません。本書はその『杳子・妻隠』の思い出から始まります。

『杳子・妻隠』の装幀に、ぼくは、一本の木としての痩せ細った女を描いた。枝である両腕は垂れ下がり、顔はうなだれている。生気のない木に見えるが、樹木として成熟していて、根はがっしり

> と大地を摑んでいる。そうすることで動くことを拒んでしまわなければならないけれど。
> 『杏子』には樹木化した女などどこにも出てこない。公園の林の中に消えては出てまた消える杏子はいても、そこに根付いてしまった木の人はいない。けれど、谷間の岩にうずくまっていた杏子は、倒れた木のようだった。
> 女の木は、小説を何度も読んで摑んだのではなく、読み終わるとすぐに銅版を針でひっかいていた。はっきりしたものはないのに、銅版に傷がついていくと、女は木になっていった。

いまや幻想的な世界を表現する画家として、また小説、批評など文筆のジャンルでも活躍する司さんですが、本書は装幀家として多くの文学書の〝顔〟を作ってきた氏が、記憶に残る本と筆者一五人について書き下ろした一冊です。取り上げられているのは、古井由吉、武田《たけだ》泰淳《たいじゅん》、埴谷雄《はにやゆ》高《たか》、島尾敏雄、中上健次、江藤淳《じゅん》、三島由紀夫、森敦、三浦哲郎、真壁仁《じん》、河合隼雄、松谷みよ子、網野善彦、水上勉、小川国夫といった顔ぶれで、装画・装幀を通して見た著者と作品の深い表情には、どれも興味が尽きません。

独学で絵を学び、「絵を描き続けるためのアルバイト」と思って始めた装幀ですが、一九六四年に最初に手がけたのが吉村昭《あきら》さんの『孤独な噴水』で、次が水上勉さんの『比良《ひら》の満月』でした。

文芸書の仕事に本格的にのめりこんでいくきっかけは、おそらく『杳子・妻隠』だったのではないでしょうか。そして「杳子」で芥川賞を受賞した古井由吉さんの受賞記念の宴席で、私もよく知るある先輩編集者から、武田泰淳の代表作『富士』（中公文庫）の装幀をやらないかと声をかけられます。

「古井さんの本を見て、これはもうあなたしかいないと思った。……どうです、武田さんの肖像画を描きませんか」——この作品に寄せる編集者の並々ならぬ熱意に促されて、司さんは武田さんの住む赤坂のマンションを一緒に訪ねます。すると、「絶対的に缶ビールをグラスに注がずに飲む武田さんは、ぼくが盗み見るようにスケッチするのが耐えられないらしく、飲み続け、火を絶やさずに煙草を喫い続け」ます。「見る間に缶ビールの空き缶がテーブルに増え続け」、司さんも百合子夫人に勧められるままにビールや酒を飲み続けます。真ん中には『富士』の企画から完成までを見届けてきた編集者が腰を据えていて、「武田さんは逃げられない。ぼくも逃げられない」という時間が流れていきます。

一日目はうまく描けなかった。翌日またうかがった。昨日と同じく武田さんは缶ビールを飲みはじめる。煙草を続けざまに喫う。描かれたくない人を描く時、その気持ちが伝染してくる。武田夫人が酒をじゃんじゃんすすめてくださる。

二日間通って、武田泰淳像をそれでも数枚描き上げます。「灰皿の吸い殻は山となり、缶ビールの空き缶はずらりと」並びました。

『富士』はエッチングで仕上げた。腐食された銅版には、鳩が羽をひろげている。マイナーなイメージの鳩だが、これだなとぼくは思ったのだった。ぼくの『富士』への道の行き着くところだった。鳩は殺されてしまう。鳩を育てた人は人を殺し、沈黙を病の中心に置いた少年が、死んだ鳩を抱いている。戦中戦後の魂の象徴のように思えたのだった。

この出会いが、ほどなく埴谷雄高さんとの対面につながります。こうして縁が縁を取り持つ形で、司さんは作家との交流を深め、装幀の仕事に次第に引き込まれていきます。私が初めてお会いするのはその数年後のことになりますが、その間に森敦『月山』、中上健次『岬』を、また第一次大岡昇平全集、金子光晴全集（一九七六年、講談社出版文化賞ブックデザイン賞受賞）などの大きな仕事を手がけて、装幀の第一人者に仲間入りを果たします。

司さんに私がお願いすることになったのは、連載小説の挿絵でした。編集部の先輩がお膳立てしてくれた企画の実務担当者として、入社して間もない私にその仕事がまわってきたのです。勇んで仕事に臨んだのはいいものの、これが毎回スリリングな展開となりました。野坂昭如《のさかあきゆき》さんの『行き暮れて雪』（中公文庫）という自伝的な小説でした。月刊誌連載で、一回分が四〇〇字詰め原稿用紙四〇枚です。前もって事情は聞かされていましたが、野坂さんは〝警戒〟を要する相手でした。井上ひさしさんの「遅筆堂」も有名でしたが、野坂さんは締切ギリギリになると、しばしば行方をくらますという特技の持ち主でした。つねに油断は禁物で、一回分四〇枚を受け取るまでに、ほぼ二〇回は通いました。自宅でなければ、行方を突きとめ、最終的には神楽坂のカンヅメ旅館の二階に案内しました。こちらは階段下の一室で〝寝ずの番〟をしながら数時間おきに原稿を頂戴するのがパターンになりました。

ところが、司さんです。ぼくには「テキストを深読みする」という〝悪い癖〟があるとおっしゃる方です。どの作家とも長時間をともにし、舞台となった土地を歩き、それらを滋養としながら仕事をするのが流儀です。それなのに、野坂さんの連載は、初回からほんの数枚の原稿を〝手付け〟のようにお渡しするのが精一杯で、後は「目をつぶって」やっていただくしかありません。

当時はメールもファックスも存在しません。わずか数枚の原稿コピーを携えて、せめてじかにお渡ししたいと思うのですが、司さんもその頃はいろいろな作家と生身で深く付き合うことに忙しく、夜に入ると連絡を取ることはほぼ不可能でした。西新宿の文壇バー「茉莉花《まつりか》」で、司さんが中上健次さんにビール瓶をぶつけられそうになった、というのもこの頃です。

明け方に近い深夜、ようやくご帰還になった司さんをつかまえて、挿絵のお願いを念押ししたこともありました。迷惑のかけ通しだっただけに、この連載が後に単行本化された時、ハッとするような鮮やかな装幀で本の個性を際立たせていただいたのはありがたいかぎりでした。

本というものは、ただ活字を印刷した紙を綴じて製本してあればよい、というものではない。つまり、それは、活字だけででき上っているものではない。沈黙が、しばしば饒舌よりも雄弁であるように、ページを開く前の書物が、すでに湧き上る泉のような言葉をあふれさせていることがある。その意味で、本は、むしろ佇んでいるひとりの人間に似ているのである。

司さんが装幀した江藤淳『なつかしい本の話』（新潮社）の冒頭に書かれた文章です。江藤淳という人を理解する上でも重要な一節ですが、司さん自身の言葉のようにも思えます。

――かつて私の心に忘れがたい痕跡をのこし、そのままどこかに行ってしまった本のことを考えてい――

ると、表紙のよごれや、なにを意味しているのかよくわからなかった扉の唐草模様、それに手にとったときの感触や重味などが、その本の内容と同じくらいの深い意味を含んで甦って来る。あるいは、テクストというものも、ときには本が意味しているものの、ほんの一部にすぎないのかも知れない。本からテクストを切り離して研究の対象にするという作業が、どこか血の気の失せた仕事になってしまいがちな理由も、ひょっとするとその辺にあるのかも知れない。

江藤・前掲書

「本という存在は魔法である。タイトルの『本の魔法』とは、本を魔法にかけるのではなく、本の魔法にかかってしまったことである」(「あとがき」)とあるように、本には一冊一冊の手触りがあり、匂いがあり、「他のモノにはあてはまらない人間らしさのようなものが存在する」。そこから、「本のデザインに気を配り、理想の極地を目指」そうというのが司流です。

記憶に残る本の思い出を綴った本書が、ひとつひとつ掌編《しょうへん》小説のような味わいを持つのも当然です。作家との濃密な関係もさることながら、河合隼雄さん、網野善彦さんら学者たちとの交流にも、この筆者ならではの温かみが感じられます。「灰」と題する松谷みよ子さんの章も鮮烈です。

松谷みよ子さんの絵本『まちんと』の絵ができなくて、一年以上たっていた。絵本のテキストはとても短い。だから簡単というわけにはいかない……ことばをそのまま絵にするなんて考える人がいたらやってもらいたい。

『まちんと』（偕成社）は、司さんが描いた少女の瞳から目が離せなくなる名作です。広島に原爆が投下されたその日の出来事。三歳になる女の子が、死にそうになりながら、水を欲しがります。母親がトマトを口に入れると「もっと、もっと」（まちんと、まちんと）とせがみます。ところが次に、母親がようやく手に入れたトマトを持ち帰ると、その子は息絶えていました。鳥になった女の子は、「まちんと　まちんと」となきながら、空を飛びます。「ほら　そこに――」「いまも――」。

原爆投下間もなくの火の海の下で、死にそうな、しかし生きている三歳の女の子を、はいそうですかって描けるものじゃあない。ぼくは手も足も出ないのだった。だから、松谷さんの原稿用紙数枚をいつもポケットに入れて歩いていた。その原稿をいつか落としはしないかと心配が高じてノイローゼ気味になっていた。

『まちんと』のあとがきに松谷さんが書いておられます。司さんは「すっかり仕上がった絵をずらりとならべてみせてくださったかと思うと、すぐぱたぱたとしま」うと、「一さつ描いてみて、見えてきました。ぜんぶ新しく描きなおします」と言って、一冊分をすべてやり直した、と。

そうか。こういう長い時間を経て、一九七八年刊の初版本ができあがったのか、と得心します。児童書の挿絵や絵本も、絵だけでは食べていけないから始めたそうですが、装幀がいつしか本業となったように、司さんの活動の中で絵本制作はやがて大きな比重を占めていきます。

一九六五年の『みにくいあひるのこ』に始まり、さまざまな物語を多彩な手法や画風で描いた軌跡が、四月二十三日から六月十九日まで群馬県立近代美術館で、「司修のえものがたり」として展覧されました。それらをまとめた同題の書『司修のえものがたり』(トランスビュー)も刊行されました。さらに司さんがテキストを書いた『100万羽のハト』(偕成社)や『水墨　創世記』(司修・画、月本昭男・訳、岩波書店)なども立て続けに刊行されています。

装幀という角度から作家の生き方に斬り込み、「本の魔法にかかって、びりびりと感じたもの」を記録したのが本書です。絵本制作の集大成ともいえる展覧会を終え、この先新たに「見えてくる」のが何であるか、いつまでも初々しい大家です。

二〇一一年七月七日

No. 418

古書を古読せず、雑書を雑読せず

黒岩比佐子
『パンとペン　社会主義者・堺利彦と「売文社」の闘い』
（講談社）

最近、もっとも感銘を受けた一冊です。早く紹介しなければ、と思っていた矢先に、まさか追悼の一文を書くことになろうとは……。

著者・黒岩比佐子《ひさこ》さんは二〇一〇年十一月十七日、膵臓《すいぞう》がんのため亡くなりました。五十二歳。『「食道楽」の人　村井弦斎』（岩波書店、二〇〇四年サントリー学芸賞受賞）、『編集者　国木田独歩の時代』（角川選書、二〇〇八年角川財団学芸賞受賞）をはじめ、約十年の間に書かれた著作は一〇冊。すべてに共通していたのは、誠実で丁寧な仕事ぶりでした。

執筆対象への真摯なまなざしと愛情、丹念な資料の蒐集《しゅうしゅう》と考察、綿密な取材、生き生きとした細部の描写、作品全体から漂ってくる温かさ、たくまざるユーモアなどが魅力でした。これらの特徴を裏づけていたのは、自分のやりたいことはきちんとやり遂げよう、という強い意志、ひたむきさ、そして謙虚さでした。時流には乗らず、人の真似や二番煎じはしないで、「誰もやりそうにないことや、儲からないのに労力はかかりそうなことを、できるだけやっていきたい」というのが、彼女の選んだ道でした。それを文字通り、労を惜しまず、納得いくまで、実に楽しげにやってのけました。

遺作となったこの本は、「日本社会主義運動の父」と呼ばれる堺利彦《としひこ》の半生と、大逆《たいぎゃく》事件に始まる社会主義の「冬の時代」を、堺がどのようにして乗り切りながら、寄るべなき同志らを守り、運動再興の「時機の到来」に備えていたかという、従来ほとんど光の当らなかった歴史の裏面を鮮やかによみがえらせました。

二〇一〇年は大逆事件からちょうど百年（韓国併合からも百年）ということで、事件をめぐるいろいろな著作が刊行されています。幸徳秋水《こうとくしゅうすい》や大杉栄《さかえ》らに比べ、堺利彦は名前こそ知られていますが、印象は希薄です。日露戦争開戦の前年、無二《むに》の親友である幸徳秋水とともに平民社を創設。「平民新聞」を発行し、戦時下で反戦の論陣を張ったことは有名です。ところが、彼が大逆事件のさ中に「売文社」という人を食ったような名前の会社を興《おこ》し、八年三カ月もの間、そこに多彩な面々を結集し、時代を先取りする卓抜な発想で「文筆代理業」を幅広く手がけていたことはほとんど知られていません。

また、人情家で面倒見が良く、ユーモアにあふれたその人間的魅力についても同様です。あちこちに散逸《さんいつ》している彼の文章や、各種の証言、具体的なエピソードを通じて明らかになった、黒岩さんならではの〝発掘作業〟によって初めて浮き彫りにされた、といっても過言ではありません。

堺利彦という人物は実に多彩な顔を持っていました。まずは、社会主義者として投獄された第一号。愛妻家で女性解放運動に取り組んだフェミニスト。エミール・ゾラからジャック・ロンドンまで海外文学の優れた紹介者であり、翻訳の名手。言文一致体の推進者にして、そもそもは小説家志望という文章の達人。そして二度の暗殺未遂《みすい》事件に遭遇し、関東大震災では大杉栄とともに陸軍に命を狙われた男。生涯に五回も投獄されながら「楽天囚人」と自称し、ヨタ話と皮肉が交錯する機関紙「へちまの花」を編集し、「猫の百日咳《ひやくにちぜき》」「猫の首つり」「猫のあくび」など風変わりな題の作品を書いて「日本一のユーモリスト」と称された男。いつも温顔《おんがん》と剽軽《ひょうきん》味を絶やすことなく、同志や後輩の信頼が厚かった人徳者――。

著者はそういう人間堺利彦の本領がもっとも「遺憾なく発揮された」時期として、売文社時代に注目します。「大正デモクラシー」という言葉が象徴する明るい大正期のイメージとは裏腹に、一九一〇年から一九一九年にかけては、社会主義者に対する尾行、監視、検閲、言論弾圧は過酷をきわめました。この「冬の時代」が、売文社の八年三カ月の活動期間とほぼ重なります。

堺は、自分の生活のためには「必ずしも売文社を必要としなかった」（荒畑寒村《あらはたかんそん》）にもかかわらず、「血気盛んな青年たちの暴発を抑えつつ、仕事を与えて生活の面倒をみよう」としてこの会社を創設します。そして、これを「ささやかな砦《とりで》」としながら、まさに討ち入り前の大石内蔵助《おおいしくらのすけ》のように、〝猫をかぶって〟時機の到来をひたすら待ちました。こうした役割を、いったい堺以外の誰が果たせただろうか、と著者は指摘しています。

大逆事件は、明治が大正に変わる二年前の一九一〇年に起きました。幸徳秋水ら一二人を絞首刑とし、社会主義者を一網打尽《いちもうだじん》にしようとしたこの事件は、いまでは「このなかの多くの者は無実か、不敬罪ですむべきところ」であり、「捏造《ねつぞう》された証拠や証言によって死刑に処せられた」という事実が明らかにされています。事件当時、獄中にいたために連座を免れた堺は、死刑執行後の同志たちの遺体を引き取り、茶毘《だび》に付し、遺品を分配し、犠牲者の後始末の一切を引き受けます。やがて一カ月余をかけて遺族を慰問する旅に出た堺は、東京から京都、岡山、熊本、福岡、高知、兵庫、大阪、和歌山、三重をまわり、一四の家族を各地に訪ねます。

「行春の若葉の底に生残る」――高知で幸徳秋水の墓に詣《もう》でた時に、堺が読んだ句だと言われます。

一方で、「犠牲者たちの志を無駄にしないことを胸に誓った」堺は、亡くなった同志を弔《とむら》いつつ、新しい花を咲かせる準備を進めます。その大きな器が売文社でした。幸いにも自らは難を逃れた堺は、大逆事件を契機に自分のやるべきことを見定め、その後決してぶれることがありませんでした。それを誠実に、どんな時も余裕を失わず、「命がけの道楽」と称しながらやり遂げました。

売文社とは、そもそも名前自体がふざけていますが、シンボルマークは「食パンに万年筆が突き刺さった」絵柄です。慶應はペンマーク、開成学園はペンと剣ですが、こちらはパンとペンで、「ペンを以てパンを求むる」というわけです。いまの編集プロダクションや翻訳会社の先駆けのような業務内容で、各種の原稿製作、外国語の和訳、和文の外国語訳、演説・講義などの草案作成、文章と名のつくもの一切の「立案、代作、及び添削」といった、多岐《たき》にわたる仕事を引き受けます。これらを大杉栄（語学の天才でした）や高畠素之《たかばたけもとゆき》（日本初の『資本論』の完訳者）や山川均《ひとし》、荒畑寒村という個性派揃いの逸材が請け負ったのですから、それ自体が奇想天外なアートです。

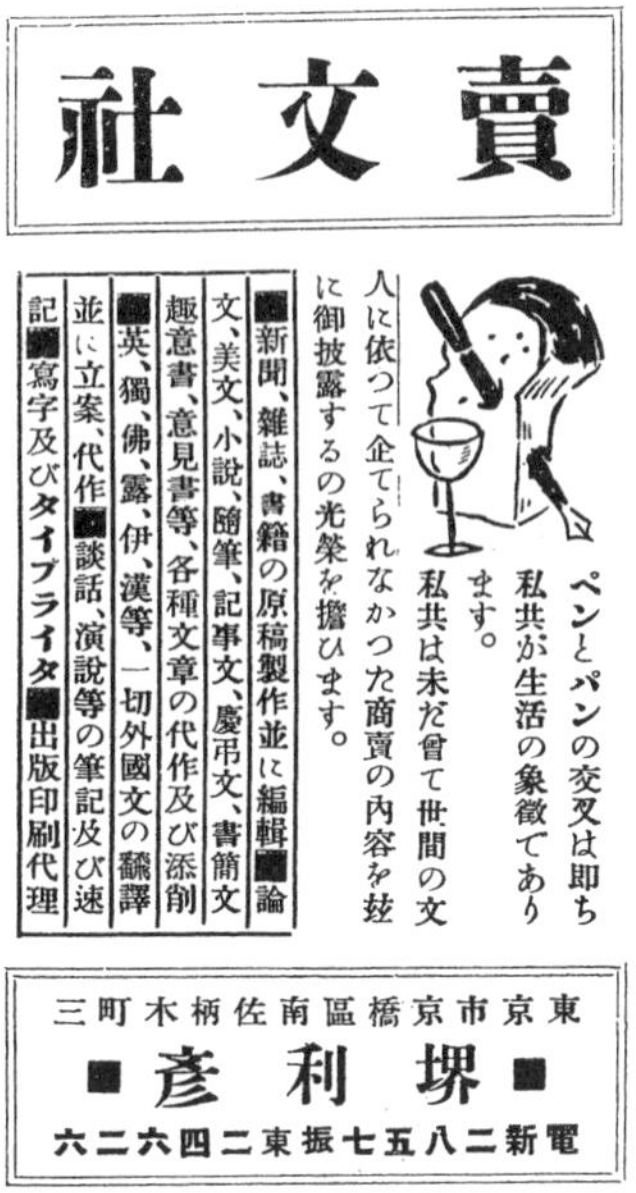

売文社のシンボルマーク入り広告。
機関紙「へちまの花」創刊号
（1914年1月号）掲載。

世界各国の旅行案内記『世界通』（いまなら、さしずめ『地球の歩き方』）は、政府からパスポートを下付《かふ》されるはずもない彼ら――「そろいもそろって国外一歩も踏み出したことのない者ばかり」（山川均）で作るしか致し方なかったガイドブックです。しかし仕事ぶりは評価され、次第に事業は発展します。「安田記念」に名を残す「日本競馬の父」安田伊左衛門《いさえもん》の著書を受注した際には、「天覧」に供するために白羽二重《はぶたえ》特別装幀の本を二部こしらえることになりました。「本を受け取った宮内省では、それが大逆事件の残党の社会主義者らの手で作られたものだとは、夢にも思わなかっただろう」と語られます。

そういうさりげない一行もそうですが、一つひとつの記述の背景には、膨大な資料の森に分け入って、それをコツコツと、丁寧に読み解きながら歩んでいく著者の姿が目に浮かびます。黒岩さんのブログ「古書の森日記」をまとめた『古書の森 逍遙』（工作舎）の中には、面白いこぼれ話が紹介されています。この七、八年は毎週のように古書展に通って、「マニアが見向きもしない雑書・雑本のたぐい」を「いとおしくてたまらず、つい拾い上げてレジ」まで運んでいたという彼女です。ある日、驚くようなことが待ち受けていました。

「がらくた市」で、我が目を疑うようなものを見つけたのだ。地下出版されて、ほとんど出回っていないはずの本である。二一〇〇円で買うことができた。ちなみに、帰宅して「日本の古本屋」で検索すると二冊ヒットして、値段はそれぞれ八万九〇〇〇円と五万五〇〇〇円。し

かも、私が買った本には署名と日付があって、その名前を検索すると、夭折した作家だということまでわかった。……ついていた値段から考えて、古書店の方も気づかなかったのだろうが、外側にまったく別の著者の本の表紙を被せて、カモフラージュしてあったのだ。奥付を見たときに、おかしいと気づいて、目次を見てアッと息を飲んだ次第。信じられないことに、ちょうど今月、私はその本が出てくる原稿を書いていたのである！　もし、一カ月前の古書展だったとしたら、この本を偶然手に取っても、何も気づかずに買わないで帰っていたことだろう。

黒岩・前掲書

この時手にした古本こそ、幸徳秋水が訳し、自分の名前は出さずに平民社から秘密出版した発禁本、クロポトキン著『麵麭《パン》の略取《りやくしゆ》』の偽装本であったといういきさつは、本書の二七九ページに詳しく紹介されています。こういう鳥肌が立つような逸話に出くわすと、売文社時代の堺の表情と、黒岩さんのひたむきな姿がダブってきます。堺が単価の高くない小さな仕事でも、いっさい手抜きをしなかったというエピソードと、資料と格闘する黒岩さんの生真面目さが二重写しに見えてきます。

堺の人柄に、著者が愛情を注いだ理由が察せられます。売文社が堺なくして成り立たなかったとすれば、人間堺利彦と売文社という彼の〝作品〟を、ともに「いま」に生き返らせるという難事業もまた、黒岩さんという人なくしては不可能であったと思うのです。

「古書を古読せず、雑書を雑読せず」（金原明善《きんぱらめいぜん》）――黒岩さんは、ある時この言葉に出会い、「我が意を得た」と思ったそうです。

そういう地道な努力、小さな〝発見〟を積み重ねながら、忘れられた人物や埋もれた史実に新たな生命を吹き込み、それらを現在によみがえらせてくれたのだと思います。

黒岩さんに感謝し、心よりご冥福をお祈りいたします。

二〇一〇年十一月二十五日

No. 486

本をめぐる旅の記録

古沢和宏『**痕跡本のすすめ**』（太田出版）

二年ほど前、ロシア・ポーランド文学者の沼野充義《みつよし》さん（東京大学大学院人文社会系研究科教授・現代文芸論）と電話で話していた時のことです。氏の学科にロシア文学の勉強に来ていた韓国からの留学生が、帰国に際して神保町の古書店で、日本語のロシア文学関係の書籍をまとめ買いしていったそうです。すると、その中の一冊に一九七四年五月の日付で、故K教授のゼミの「履修願」が一〇枚くらい束になって挟まっていたというのです。ソウルに学会で行った沼野さんが、それを元留学生から渡されました。見ると、その「履修願」には氏をはじめ、他の懐かしい顔ぶれ——なんと、私まで！——の名が揃っていたというのです。K教授が亡くなられて処分された蔵書の中に、おそらく紛れ込んでいたのでしょう。

ほどなくして、沼野氏からそれが送られてきました。たしかに私の履修願でした。クラス名、学生証番号も思いあたります。ただ不思議なのは、そこに書かれている文字が、どうも自分の筆跡ではないように思えるのです。誰かが代筆したのでしょうか。それともそんな字を書いていたのでしょうか。さらに言えば、このゼミのことは記憶しているものの、一度も出席した覚えがありません。講義を聞いている自分の姿を思い描くことができません。いったい、真相はどうだったのでしょう？

こうして、いきなり四十年近く前の「動かぬ証拠」を突き付けられて、記憶の扉がほんのわずか開かれました。軽い興奮がありました。古い本はこんな不意打ちで、時々タイムマシンのような働きをします。本そのものの内容とは無関係に、思いもかけないサイドストーリーで人を楽しませてくれるのです。

手に入れた古本に、きわめて個人的な手紙が挟まっていたり、思わず笑ってしまうような鋭いツッコミが書き込まれていたり、為書《ためがき》とともに本の贈り主の思いが添えられていたり……前の所有者はどういう気持ちで、これを書いたり、眺めたりしていたのだろうかと、見えない相手との架空の対話が始まります。

一般的にアンダーライン、感想、メモなどの書き込みや、ページの切り取り、破れ、貼り込み、傷み、ヨレ、擦《す》れ、汚れ、シミ、焼けなどというものは、古本の値打ちを下げるマイナス・ポイントとみなされます。「函《はこ》ナシ、帯ナシ、カバーなし」などと同様です。ところが、それにコペルニクス的転回をもたらしたのが、本書の著者です。

愛知県犬山市で「古書　五っ葉文庫」を経営している、一九七九年生まれの古書店主。本好きが嵩《こう》じて古本屋になったわけではなく、ある一冊との衝撃的な出会い――すなわち、以前の所有者の「痕跡」が生々しく残された本との出会いが、彼を目くるめく「痕跡本」の世界へと導いたのです。

そう、すべての古本には、前の持ち主がその本と過ごした時間という「物語」が刻まれているのです。

それが目に見える形で残されているもの、それが痕跡本。

そこには、本の内容だけじゃない、前の持ち主と本を巡る、世界でたったひとつだけの物語が刻まれています。

つまり、これまで誰からもその価値を認められてこなかった「痕跡」にこそ、古本ならではの魅力があると、著者は目を開かれます。「たとえば、本文のとある部分に線が引かれていたり、感想が書かれていたり、といった書き込み。あるいは、突然ページの間からひらりと現れる手紙や

メモ、あるいはレシートなど、前の持ち主の生活模様が見えてくるような、挟み込み」。そうした「痕跡」に秘められた謎――かつての所有者がその本とどのような時間を過ごしたのか――を読み解くことほど、ワクワクして楽しいことはないだろう、と。

しかも「推理小説と決定的に違う点」は、正解がどこまでいってもわからないところです。想像する人それぞれにいく通りものバリエーションが考えられます。

さまざまな実例が登場します。『世界童話文学全集1　ギリシア神話』（講談社、一九六〇年）という本には、ミノルタのカメラの保証書が挟まれていて、余白には短歌が一首詠まれていました。

初めてに買ってもらひし皮靴《（ママ）》の　いたまぬままに夫は居ませじ

児童書には似つかわしくない歌の内容ですが、この痕跡には謎を解くヒントがひとつあります。それは本の発行日が「昭和35年5月10日」なのに対して、カメラの保証書にある購入日が「1979年11月」となっているのです。つまり。その間には十九年の歳月が流れています。だとすれば、仮に小学校一年生（六歳）の時に手にした本であるならば、短歌を詠んだのは二十五歳。ここから、著者の妄想が全開します。

──お見合い結婚の私たち。はじめはぎこちなかった関係も、時が経つにつれ、だんだんわかり合えるようになってきました。結婚して3年目、私の誕生日に夫がプレゼントしてくれたもの、それはシックな革靴でした。今まではずっと宝石類やアクセサリーばかりだったのに、何故？　と聞くと、夫は照れながら、「もうそろそろ目を魅くだけの宝石じゃなく、ふたりで歩いていくためのもののほうがいいかな、と思って」と。

そんなゆったりした生活の中、突然に訪れた不幸。私が革靴を、もったいない、とまだ数回も履かないうちに、夫は帰らぬ人となってしまった──。

カメラの保証書は、おそらく手近にあった紙なのでしょう。そして、目の前には、子どものために引っ張り出してきたこの本がありました。小さい頃に何度も読んだ『ギリシア神話』に、来し方を振り返り、子どもとのいまの幸せを思い、「夫との思い出を挟み込んだ」──。持ち主の人生遍歴を、筆者は「痕跡」の中から立ち上らせます。

かの森鷗外《おうがい》は、「武鑑」という江戸時代の武家人名録の古書蒐集をしていた折に、しばしば「弘前医官渋江氏蔵書記」という蔵書印のあることに感興を得て、史伝小説『渋江抽斎《しぶえちゆうさい》』を書き上げました。文豪ならずとも、本の「痕跡」からかつての所有者の物語を編むことは可能です。
かと思えば、なじみの古書店員が「これ、ちょっと気持ち悪いですよね……」と言いながら見せてくれたホラー漫画があります。針のようなものでめった刺しにされた傷跡が生々しく残っている『まだらの卵』（日野日出志、ひばり書房、一九八八年）という作品です。

……深いところでは20ページ目にまで達している始末。1ページ目などは刺されすぎて欠損している箇所も。表紙の裏側など、厚紙だから針で刺された部分がぶつぶつと浮き出て、しかもそこに時間の流れによる染みができて黄色く変色し、まるで鳥肌のような皮膚感覚。……一体何があったというのでしょうか……。

何かの怨《うら》みを晴らそうとしたのか、誰かに呪いを込めようとしたのか。「世界一怖いホラー漫画」と、この本を見た人がつぶやきました。著者が「痕跡本」にのめり込むきっかけとなった運命的な一冊は、これです。本がまとっている得体《えたい》の知れない「恐怖と狂気」に打ちのめされた、と記しています。
訳がわからない本としては、「ああ無情の威《い》を借る三銃士」の例が紹介されます。どういうものかといえば、『ああ無情』の表紙をめくると、そこに現れるのが『三銃士』。つまり、表紙だけを残して『ああ無情』の本体がごっそりと抜き取られ、そこにソフトカバーの『三銃士』がジャストフィットで収まっているという不思議な本です。外から見ただけでは何の違和感もないカモフラージュ本です。

思い出すのは、黒岩比佐子さんが『パンとペン』の取材中に出会ったクロポトキンの『麵麭《パン》の略取』の偽装本です（七三頁参照）。神田の古書即売会で黒岩さんが見つけたその本は、幸徳秋水訳の発禁本『麵麭の略取』に新渡戸稲造の『武士道』の表紙をつけて、誰かが巧みに偽装したものでした。ただ、それは社会主義者が徹底的にマークされていた時代の「隠れ蓑《みの》」です。ところが『三銃士』のどこに問題があるのか、著者ならずとも見当がつきません。

つまり、隠す理由なんて何もないはずなのです。だとするとこれは本当に何なのでしょう？あるいは『三銃士』のカバーが痛みやすいソフトカバーだから、壊れて本体のとれた『ああ無情』の表紙をブックカバーにした？　それとも単なる気まぐれで無邪気ないたずらなのか……。

痕跡本の面白さは、残された断片をつないで前の持ち主を想像すること。そして、その答えは

わからなければわからないほど、面白さは無限大。この本とは出会ってもう1年以上経つのですが、いまだに頭の中で、妄想の海をぐるぐるぐる。一生ものの付き合いになりそうです。

かつての持ち主の「がむしゃらな勉強ぶり、読書ぶり」がストレートに伝わってくる一冊もありました。「特に余白を埋め尽くす程の注釈と、何色ものボールペンを駆使しながらの書き込み」が「読み潰した」という言葉にぴったりの『空想から科学へ』（エンゲルス、岩波文庫、一九六〇年）です。こう本にとっては、まさに本望と言えそうなくらい、ボロボロになるまで読み込まれた産物です。こうした圧倒的な痕跡を前にすると、目がそちらにばかり奪われて、もう本の中身はどうでもよくなる、と著者は感嘆しています。

正直に言って、内容には興味ありませんし、書き込みを含めて本文を読むことはこの先もずっとないだろうと思います。でもこの本は、ついついことあるごとに手にしてしまいます。それは、さながら守護霊のように、前の持ち主の読書の興奮が消えることなくこの本に宿っているからなのかもしれません。この本は、存在そのものが読書の記憶の痕跡なのです。

こうして見てくると、痕跡本とは本をめぐる旅の記録だということがよくわかります。前の持ち主が何らかの理由でその本を手に取り、ある時間をともに過ごします。それが何らかの理由で持ち主の手を離れ、やがて古本屋へ流れ着くという物語。その痕跡は、まるで海に流された壜《びん》の中の手紙のように思えます。あるいは持ち主一人ひとりから送られた、新刊書店における「手書きポップ」のような呼びかけかもしれません。

さて、本書ですっかり「痕跡」に気を取られたその矢先、俵万智《たわらまち》さんの連載「考える短歌」で、次回（「考える人」二〇一二年春号）の優秀作に選ばれた一首を読みました。

はじめてのキスの記念の花びらを1023ページに挟む　　柏市　トヨタエリ

俵さんの選評にはこうあります。「その場所に落ちていた花びらだろうか。記念にしようという心が初々しい。『1023ページ』を選んだのには、1、2、3という数字の並びに恋のゆくえを託したのだろう。123ページでもよさそうだが、分厚い本で、押し花にしたのだということが、この数字で伝わるところがミソ」と。

こうして大切にしまわれた思い出が、いつの間にか忘れ去られ、やがてこの本が持ち主の手元を離れ、長い旅の末に、どこかの古書店の店頭に痕跡本として並びます。押し花は「挟み込み」となっています。その時、「記念にしようという心が初々しい」と評された彼女は、どこで、いったい何をしているのでしょう……。

二〇一二年三月二十二日

No. 420

こんな古本屋があった

関口良雄『**昔日の客**』(夏葉社)

「幻の名著」として知られていた本の、実に三十二年ぶりの復刊です。著者・関口良雄氏は東京・大森にあった古書店「山王書房」の店主で、一九七七(昭和五十二)年に五十九歳で亡くなりました。還暦を前にして、何か記念にまとまったことをしたいと思い立った著者は、それまで古書店の組合報などに発表してきた文章に書き下ろしの数篇を加えた、一冊の随想集を準備しました。それがこの『昔日の客』です。「自分の本ができるなんて本当に夢のようだ。涙が出るほどうれしい」と闘病中の日記に綴っていたそうですが、残念ながら刊行は著者の死後になりました。しかし、その素晴らしいエッセイの魅力は、山王書房とその主人の思い出とともに、その後もながく語り継がれてきました。

ただ、いかんせん一〇〇〇部という小部数の出版だったために、元版は知る人ぞ知る「幻の名著」になっていたのです。それだけに、復刊を待ち望んでいた人たちの喜びは想像に難《かた》くありません。私自身もようやく長年の夢をかなえることができ、感慨はひとしおです。

発端は、沢木耕太郎さんの『バーボン・ストリート』（新潮文庫）でした。「ぼくも散歩と古本が好き」の章に描かれた「古本屋の親父」の忘れがたい肖像――。客としての沢木さん自身の思い出もさることながら、一九八〇年、芥川賞受賞からわずか六年後に、四十二歳で急逝した野呂邦暢《のろくにのぶ》さんと山王書房店主とのエピソードは、心に焼きついて離れませんでした。

野呂さんは、事業に失敗した父親が、さらに大病を患《わずら》い入院したために、高校卒業と同時に郷里の長崎県諫早《いさはや》から東京に出て働くようになりました。しかし運転免許もなく、特別な技術もない「田舎者にロクな仕事」はなく、職を転々とする中で、唯一の楽しみとなったのが古本屋通いでした。その時、たまたま部屋を借りた先が山王書房の近くだったことが、関口さんとの出会いにつながりました。

関口さんの略歴を見ると、一九五三（昭和二十八）年、三十五歳の時に「大田区新井宿に古本店山王書房を開店する」とありますから、野呂さんが店に現れたのはその三年後ということになります。しかし、一年足らずのうちに、野呂さんは東京を去ります。ガソリンスタンドの仕事を辞め、九州へ帰ることにしたのです。その直前、山王書房を訪れ、ある本を求めます。この時の経験を、後年、三つのエッセイに書いています（「山王書房店主」「S書房店主」「花のある古本屋」）。それくらい彼の心を揺さぶる鮮烈な思い出が、店主によって刻まれたのでした。この間の経緯は沢木さんの文章で紹介いたします。

父が事業に失敗し、高校を卒業すると諫早から東京に出て働かねばならなかった野呂邦暢は、友人の家に寄宿して会社に通っていた。好きな古本を買うこともままならず、辛うじて月に二、三度、昼食代を節約して安い文庫本を数冊買うことができるくらいだった、という。彼は寄宿先の近くの、いかにも頑固そうな親父がやっている古本屋で、そのささやかな楽しみの古本買いをしていたが、それはひとつにはその店の親父が二割方は安くしてくれたからだった。……ところが、ある日、いつものように少し安くしてほしいと口に出すと、親父はよほど虫のいどころが悪かったのか烈火のごとく怒り出した。お前が真面目な勤め人であることは読みたがっている本でわかる、しかし自分は道楽で商売をしているわけではない、そんなにいちいち勉強していたのでは店が成り立たない。若い野呂邦暢は、その剣幕に怖れをなし、店をとび出してしまったという。

それから半年後、仕事をやめて九州に帰ることにした彼は、東京の記念に、その古本屋の棚に飾られていた『ブールデル彫刻写真集』を買っていこうと思う。それはかねてから欲しい本だった。前年に催されたブールデルの作品展を、彼は入場券が買えないため見ることができなかったのだ。値段は千五百円とつけられていた。月給が六千円の時代の千五百円である。普段ならとうてい手の届く金額ではないが、その時は僅かばかりの退職金が懐にあった。古本屋へ行き、本と金を差し出すと、親父が不思議そうに顔を見上げた。彼が小さく田舎に帰るのだと告げると、親父はその写真集をていねいに包装してくれた。そして、千五百円の中から千円を取ると、あとの五百円は何といっても受け取ろうとしなかった。それは自分からの餞別だ、というこことだった……。

沢木・前掲書

帰郷した野呂さんは、佐世保陸上自衛隊に入隊します。それから約十七年が経過し、一九七四年、作家・野呂邦暢は「草のつるぎ」で第七〇回芥川賞を受賞します。授賞式に上京した作家は、その数日後、夫妻で懐かしい店を訪ねます。昔ここへ通っていた当時、母親に抱っこされていた娘さんは、二十二歳になって婚礼を間近に控えていました。野呂さんは持参した作品集『海辺の広い庭』の見返しに「達筆な墨書き」でひと言添えて関口さんに進呈します。「昔日の客より感謝をもって」。遺稿集の書名は、この経緯を綴った関口さんの随筆のタイトルから取られています。

こうした人との忘れがたい思い出を、慈《いつく》しむように、しかしユーモラスに、適度な抑制を利かせて鮮やかに描いているのが本書です。野呂さんのこともちろんです。「正宗《まさむね》白鳥先生訪問記」に始まり、尾崎士郎、上林暁《かんばやしあかつき》、尾崎一雄といった敬愛してやまない作家たちとの交流や、川端康成、三島由紀夫、浅見淵《ふかし》らとの印象的な関わりが滋味のある文章で書かれています。いずれも著者の言葉に対する厳しさ、俳句を好んだ人らしい切れのある描写の妙に目を見張らされます。個人的に心を惹かれたのは、十三歳の時に五十五歳で逝った「父の思い出」、古本屋の日常の中で本を介しながら付き合った人たちとの「大山蓮華《おおやまれんげ》の花」「可愛い愛読者」などで、著者の心映えを伝える名品だと思いました。人物紹介ふうに言えば、山王書房店主というのは、

酒と歌と散歩と俳句を愛した男。小説、とりわけ私小説を愛し、損を覚悟で、独力で『上林暁文学書目』や『尾崎一雄文学書目』を刊行した男。酒癖が悪くなったと知るときっぱり断ち、しかし酒席を賑わすことをやめなかった男。そして、なによりも古本と古本屋という職業を愛した男。だが、必ずしも商売人としては成功しなかった男。

ということになるのでしょうが、一九六二（昭和三十七）年初出の一篇「古本」には、この人の生き方を貫いた優しさの原型を見るような気がします。日本全体が高度成長期のただ中にあった時代に、大森の一角でこういうことを考えていた書店人がいたことを忘れてはならないと思います。

大正生まれの私は、大正時代に出た本に最も心が惹かれるのである。大正の本は概して地味である。大正という時代があまりパッとしなかった故か、本もその時代を反映して地味なのかと思われる。色も艶もない装幀で粗末なハトロン張りの函に入っていたりする本が多い。しかし、これらの本は、見かけは無骨でも、造本はガッチリ出来ている。素朴といえば余りに素朴であるが、私はその素朴さの中に大正という時代の風潮を見るのである。

店を閉めた後、電灯を消した暗い土間の椅子に坐り、そんな感慨を抱きながら店の棚を改めて眺めていると、そこには自分が思いを寄せているにもかかわらず、「もう何年ともなく棚の上に埃をあびたままでいる」本があることに気がつきます。「開店の頃だからもう十年近く」も「棚に根が生えたように動こうともしない」本があるのです。しかし、と店主は考えます。仮に売れなくてもいいから、自分はこの本を棚の上にそのまま置いておこう、古本市場に出して処分する気にはなれない、と。

この先は息子さんの証言です。ある時、父親がお客さんと夢中になって話していたといいます。「古本屋というのは、確かに古本という物の売買を生業としているんですが、私は常々こう思っているんです。古本屋という職業は、一冊の本に込められた作家、詩人の魂を扱う仕事なんだって。ですから私が敬愛する作家の本達は、たとえ何年も売れなかろうが、棚にいつまでも置いておきたいと思うんですよ」。それを聞いて、「父の仕事を誇らしく思い、感激して胸が詰まりそうになりました」というのです。

沢木さんの本が出た翌年、たまたま大森に引っ越した私は、近藤富枝さんの『馬込文学地図』（中公文庫）に詳述された一九二〇年代の文士たちの足跡をたどりながら、起伏の多い馬込界隈の細かい坂や路地をよく歩きました。山王書房のあった臼田坂下《うすださかした》まで足を延ばしてみることもしばしばありました。店主の遺言にしたがって、とうに店は閉じられていましたが、そう思ってあたりを眺めるせいか、文士たちの青春の名残りとともに、かすかに古本の気配が漂い、何かを語りかけてくるようでした。

さて、ようやく出会えた『昔日の客』の新版ですが、期待にたがわぬどころか、個々のエッセイが粒だった短編小説のようで、贅沢なひと時を味わいました。美しいよもぎ色の布地の表紙に、著者の手になる題字があしらわれ、口絵・裏表紙には著者と親交のあつかった山高登《やまたかのぼる》氏の木版画が使われています。口絵には「大森曙楼旧門附近　銀杏子の散歩道」とあります。銀杏子は著者の俳号で、お気に入りの散歩道でした。「曙楼旧門」の赤レンガこそなくなりましたが、変わらない地形と風景の断片が、三十二年の時の隔たりを埋めてくれます。

「復刊に際して」のご子息のことばは、二代目山王書房「店主敬白」の趣があります。

復刊を共に希望し、応援して下さった皆様、有難うございます。夢が実現しました。

かつて、山王書房を訪れ、文字通り「昔日の客」であった皆様、父の話にお付き合い下さり、

本当に有難うございました。

残念ながら、その時代にいらっしゃれなかった皆様、父の魂が込められた、この一冊が「山王書房」でございます。

いつまでも、そして何度でもいらして下さい。

ちなみに、本の巻末に付けられた「関口良雄略歴」には、著者と交流のあった作家や学者など、主だった人たちの名前がずらっと並んでいます。相磯凌霜《あいそりょうそう》、浅見淵、安西啓明《あんざいけいめい》、池上浩山人《いけがみこうさんじん》、石井潤、石原八束《いしはらやつか》、五木寛之、逸見広、岩佐東一郎、臼井正明、宇野千代、岡田幸一、岡本功司、尾崎一雄、尾崎士郎、小田切進、加藤楸邨《しゅうそん》、川崎展宏《てんこう》、上林暁、北園克衛《かつえ》、木山捷平《しょうへい》、金原亭馬《きんげんていうま》の助《すけ》、紅野敏郎、近藤富枝、佐野洋、沢木耕太郎、柴田宵曲《しょうきょく》、渋沢秀雄、城左門《じょうさもん》、新保千代子《しんぼちよこ》、洲之内徹、添田知道、田坂乾《けん》、出久根達郎、寺田政明、十和田操《とわだみさお》、長岡輝子、仲田定之助《なかださだのすけ》、仲田好江、中谷孝雄、七尾伶子、野呂邦暢、萩原葉子、保昌《ほしょう》正夫、正岡容《いるる》、松尾邦之助、三島由紀夫、村岡花子、村松喬、室生犀星、森澄雄、安成二郎、山口勝弘、結城信一、頼尊《よりたか》清隆、柳亭燕路《りゅうていえんじ》の諸氏です。ごく最近亡くなった方では長岡輝子さん、森澄雄さんがいらっしゃいます。

二〇一〇年十二月九日

No. 671

お弁当の底力

加藤文俊『**おべんとうと日本人**』（草思社）

この一週間ほど、本屋さんをずいぶんまわりました。雑誌リニューアルのご挨拶と協力のお願いを兼ねてです。〝春うらら〟の好天にも恵まれ、満開の桜をあちらこちらで愛《め》でながら、慌ただしい中にも、気分の浮き立つツアーでした。幸い、雑誌の売行きも好調です。

その中の一店、有隣堂アトレ恵比寿店を訪ねた時です。四月十一日までの開催でしたが、店頭で「お弁当フェア」が行われていました。お花見を皮切りに、いよいよ行楽シーズンの到来です。新入学・進学の子どもたちに、これからお弁当作りを始めるお母さん、お父さんも多いことだろうと思います。社会人になった自分用に、という人もいるかもしれません。

それにしても、美味しそうなお弁当レシピ本が、なんと充実していることか！　お洒落《しゃれ》なお弁当グッズが、こんなにたくさんあるなんて！　ランチボックス、曲げわっぱ、おむすび型やキャラクターものまで、お弁当箱が、素材、形状、大きさなど、選《よ》りどり見どりという上に、どれもがカラフルで華やかです。まるでおもちゃ売場か、文房具店の店先みたいで、これも新しい書店の装いなのかと感心しました。

お弁当包みにもいろいろきれいな柄《がら》が揃っていて、その日の献立《こんだて》や、お弁当を開くシチュエーションに応じて、あれこれ柄を選ぶ楽しみがありそうです……等々、お弁当ライフと無縁の私は、いまさらながら社会勉強になりました。そして、ふと思い出したのが、しばらく前に読んだ本書です。さまざまなトピックが盛り込まれた、まさにお弁当的な一冊で（本のデザインもかわいいお弁当箱ふう）、「雑誌はお弁当によく似ている」と改めて認識し直すきっかけになりました。

どういうことかといえば、①お弁当はメディアである、②お弁当とは編集力の産物である――この二点が、本書の伝えるメッセージだからです。つまり、お弁当＝雑誌と言い切ることはできないか……。

お弁当が、作り手と食べる人との箱を介したコミュニケーションだとするならば、雑誌は誌面を通した編集者と読者のコミュニケーションです。「面白かった」という読者の声に思わず顔をほころばせる編集者は、「おいしかった」と空のお弁当箱を受け取る作り手と、とても表情が似ていると思うのです。

私たちが、旅や遠出に食べものを携行すること自体は、古くからおこなわれていた。おべんとうの起源については諸説あるが、荒川浩和の論考には、「弁当（辨當）」という語は、本来「分ち當《あ》てる」「備へて用に當てる」の意味であると書かれている。「弁当」がことばとして現れるのは一六世紀末だが、類似の語はすでに平安時代に見られていたらしい。「分ち當てる」とは、つまり細かく区分けすること。仕切りのある器は、私たちにとって馴染みぶかいおべんとう箱のイメージである。

本書第一章の書き出しです。そこには、「目的別弁当の歴史」という表が添えられていて、弥生時代、旅・労働に出かける際に携行するものとしてお弁当が出現し、安土桃山時代に遊山・舟遊び用、江戸期に芝居用・幕の内や通勤用腰弁当、やがて明治になって通園・通学用、昭和に入って外食用（松花堂弁当）など、用途が広がります。

そして日本のお弁当文化は、限られたスペースの中に、いろいろな種類のおかずを小分けにして整然と詰め、食材のバラエティも見栄えも彩りも実に細やかな神経が行き届いているところに特徴があります。「BENTO」がいま国際語になっているのは、ただ単に食料をパックして携行しているだけではないからです。世界の携行食に比して、「日本人の性格や美意識などを色濃く映しながら、独自に進化」し、いまなお進化し続けているからにほかなりません。

もちろん作り手の可処分時間や、段取り力の差はありますが、幕の内や松花堂弁当、さらにはお節料理のお重などを〝極北〟として、作り手の思いをこめ、創意工夫し、時には遊び心を加えながら、無償の情熱がお弁当づくりに傾けられています。丹精こめた盆栽づくりにも匹敵するミクロコスモスへの集中です。

一世を風靡《ふうび》した李御寧《イーオリョン》さんの『「縮み」志向の日本人』（講談社学術文庫）が説くように、「詰める」ことは日本人にとっての重要な美意識です。私たちは気持ちや想いを凝縮させることに価値を見出し、「詰めることができないものは、つめられないもの、すなわち『つまらないもの』」（同）になりました。

工業デザイナーの榮久庵憲司《えくあんけんじ》氏は、『幕の内弁当の美学』（朝日文庫）のなかで、日本人の美意識やものづくりなど日本的発想の原点を、「幕の内弁当」の成り立ちに見ています。「異質なものを貪欲にとりこんで、それぞれの特性をすべて活かす」という「幕の内弁当」の美学こそが、日用品やクルマ、住宅など、日本のデザインに通底していると見なします。

『幕の内弁当の美学』のなかでとくに興味ぶかいのは、「幕の内弁当」に凝縮された美意識を、「まにあわせの芸術」として性格づけている点だ。「まにあわせ」とは、つまり臨機応変ということ。即時即興的な判断で、「時と場と、材料の入手の難易、コストとのみあい、そしてタイミングといった条件に、時間的に、質的に、量的にまにあわせる術」だという。これは、まさにおべんとうづくりの現場に求められる姿勢を、的確に表しているのではないだろうか。

日常生活では予期せぬことが起こります。思い通りにことが運ばないケースのほうが多いくらいです。その時に、臨機応変に身を処して、「むしろ創意工夫の契機だととらえること」こそが重要なのだと本書は語ります。「カワイイもの・ちいさいものに対する愛好精神と、それらを巧みに組み合わせようとする『編集力(臨機応変の術)』があれば、多くのことは乗り越えられるはずだ」というのです。

私たちが日常的に行っている雑誌編集の現場も、これと瓜二つの光景を繰り広げています。限られたページ数の中にどれだけ「異質なものを貪欲にとりこんで、それぞれの特性をすべて活かす」

かに心を砕きます。そして、想定したシナリオの変更に「まにあわせ」の判断で対処しながら、作り手の思いや愛情を詰め込んだパッケージを読者のもとに届けます。それを味わい尽くしてもらいたいと願いつつ――。

さらにもう一つ。お弁当はメディアである――ということに関して言うと、本書で初めて出会った名文があります。それは二〇〇一年、香川県綾川町の滝宮小学校で始まった「弁当の日」という試みがもたらした成果です。「弁当の日」は二〇一六年三月二十六日時点で、全国一八〇七校で実施されているといいますから、この文章もよく知られているのかもしれません。私は初見でしたので、驚きました。

「弁当の日」の大切なルールは、「親が手伝わない」「子どもだけ（自分）でつくる」ことだそうです。献立作り、買い出し、調理、弁当詰め、片づけまで、全部やるのは子ども自身。「子どもが早朝に厨房に立ち、あれこれと試しながら手を動かすことこそが、『弁当の日』が目指す『学び』の源泉だ」という考えが基本にあります。

もっとも昨今は、「子どもの貧困」が深刻な社会問題になっています。この試み自体に異論がないわけではないようです。持ち寄ったお弁当を子どもたちがお互いに「見せっこ」する中で、それぞれの家庭環境の差が露呈してしまう――実際、お弁当を作って持ってこれない児童が、その日に学校を休むという事態も起きています。

これに対して、「弁当の日」の発案者である竹下和男氏（滝宮小学校校長・当時）は、「『弁当の日』に欠席したという事実は、その子が社会（親や教師、地域の大人たち、そして仲間たち）に突きつけたメッセージ」なのだと語っていて、食をめぐる「さまざまな〈もの・こと〉を考える」契機となる点に、むしろ積極的な意味を見出しています。

さらに、私が「まいった」と思って読んだのは、この竹下先生が平成十四年度の卒業生に贈った言葉です。「弁当の日」を二年間経験した最初の卒業生――合計すると一一回の弁当づくりを自分でやった子どもたち――に向けて語ったメッセージです。とても長い文章ですが、あえて引用してみます。

食事を作ることの大変さがわかり、家族をありがたく思った人は、優しい人です。
手順良くできた人は、給料をもらう仕事についたときにも、仕事の段取りのいい人です。
食材がそろわなかったり、調理を失敗したりしたときに、
献立の変更ができた人は工夫できる人です。
友達や家族の調理のようすを見て、ひとつでも技を盗めた人は、自ら学ぶ人です。

かすかな味の違いに調味料や隠し味を見抜けた人は、自分の感性を磨ける人です。

旬の野菜や魚の、色彩・香り・触感・味わいを楽しめた人は、心豊かな人です。

一粒の米、一個の白菜。一本の大根の中にも「命」を感じた人は、思いやりのある人です。

スーパーの棚に並んだ食材の値段や賞味期限や原材料や産地を確認できた人は、賢い人です。

食材が弁当箱に納まるまでの道のりに、たくさんの働く人を思い描けた人は、
想像力のある人です。

自分の弁当を「おいしい」と感じ「うれしい」と思った人は、幸せな人生が送れる人です。

シャケの切り身に、生きていた姿を想像して「ごめん」が言えた人は、情け深い人です。

登下校の道すがら、稲や野菜が育っていくのをうれしく感じた人は、慈しむ心のある人です。

「あるもので作る」「できたものを食べる」ことができた人は、たくましい人です。

「弁当の日」で仲間が増えた人、友達を見直した人は、人と共に生きていける人です。

調理をしながら、トレイやパックのゴミの多さに驚いた人は、社会をよくしていける人です。

中国野菜の安さを不思議に思った人は、世界をよくしていける人です。

自分が作った料理を喜んで食べる家族を見るのが好きな人は、人に好かれる人です。

家族が弁当作りを手伝ってくれそうになるのを断れた人は、独り立ちしていく力のある人です。

「いただきます」「ごちそうさま」が言えた人は、感謝の気持ちを忘れない人です。
家族が揃って食事をすることを楽しいと感じた人は、家族の愛に包まれた人です。
滝宮小学校の先生たちは、こんな人たちに成長してほしくって2年間取り組んできました。
おめでとう、これであなたたちは「弁当の日」をりっぱに卒業できました。

この式辞にはいま世界中が頭を悩ませている、たくさんのテーマが凝縮されています。それらを考える手がかりもたくさん含まれています。つまり、スピーチ自体がお弁当的です。

お弁当づくりを通して、人の幸せを考える――これは、私たち雑誌編集者の奮起を促します。〝お弁当の底力〟を学ばなければなりません。

二〇一六年四月十四日

第3章

出版草創期の人びと

No. 435

70歳の履歴書

和田芳恵『**筑摩書房の三十年　1940―1970**』
永江朗『**筑摩書房　それからの四十年　1970―2010**』
（ともに筑摩書房）

一九四〇年に創業された筑摩書房は、二〇一〇年六月十八日で七十周年を迎えました。八カ月たって、先月半ばにそのお祝いの会が開かれ、その際の引き出物としてこの二冊が配られました。それが今月半ばに筑摩選書として発売され、一般読者も読むことができるようになりました。社史が複数筆者のリレー形式で書き継がれるというのは珍しくありませんが、筑摩書房の場合は、一九七八年に会社更生法の適用申請をして倒産する、という大きな分岐点がありました。二冊の性格はかなり異なるものになっています。

まず作家の和田芳恵さんの手になる『筑摩書房の三十年』は、創業三十周年にあたる一九七〇年に非売品として配布され、長らく社史の名著として語り継がれてきたものです。古田晁《あきら》と臼《うす》井《い》吉見《よしみ》という松本中学校以来の同級生二人が、「出版をやろう」という青雲の志を抱いたところから始まり、お互いに手を携えて、小さな会社を守り育てていく道のりが活写されています。古田から「出版社らしい屋号」を考えろと言われて、臼井は郷里である南信一帯の呼称にちなんで「筑摩書房」と名づけます。

屋号を決め看板を掲げたにせよ、出版のことは何も知らないズブの素人が、志と情熱だけを頼りにいきなり起業するわけです。一九四〇年の創業といえば、日本が太平洋戦争に突入する前夜です。すでに統制経済が敷かれて用紙事情は悪化し、紙の割当てという名目で思想の統制も始まっていました。そんな時期に出版業に手を出すこと自体、無謀《むぼう》と言われても仕方ありません。

それでも何とか乗り出していけたのは、古田のおおらかな人柄と臼井の企画力、それに古田家の財力という心強い後ろ盾があったからです。会社設立の挨拶状を出した半年後に、大した準備もなしに、いきなり『中野重治随筆抄』、宇野浩二『文藝三昧』、中村光夫『フロオベルとモウパッサン』の三冊を刊行するのですから、驚嘆するほかありません。これで「なんとなく、筑摩書房の方向が決まる」だろうと見きわめた、ラインナップの絶妙さは見事です。

原価計算も知らず、どのようにして本を作ればいいのか見当もつかず、定価は本屋に並んでいる新刊書を見て適当につけたといいます。一方で、装幀は青山二郎に頼むなど、「少しでも金をかけたほうが効果があがるという場合は、決して出し惜しみをしない」というのが古田の方針でした。怖いもの知らずの無手勝流《むてかつりゅう》は、業界のお歴々の度肝《どぎも》を抜きます。「金に糸目をつけず、売れようが売れまいがお構いなしに、一級品を出版する」常識はずれの出現は、「出版界の驚異の的になった」とあります。

「出版社の財産は出版目録である」とはしばしば言われるところです。戦中戦後の苦難の時期に、和辻哲郎、唐木順三、中島敦《あつし》、太宰治、上林暁、永井荷風《かふう》、柳田國男、田辺元《はじめ》、林達夫、吉川幸次郎、椎名麟三《りんぞう》、宮本百合子といった錚々《そうそう》たる顔ぶれの単行本を手がけ、社の「背骨」になる企画として『ポオル・ヴァレリイ全集』に挑み、戦後はいち早く臼井吉見編集長のもとで総合雑誌「展望」を刊行するなど、「いい本」を出すことに果敢にチャレンジしていくバイタリティは、和田芳恵氏の筆によって、実に生き生きと描かれています。「出版屋というものは、こんなに毎晩呑《の》まないといけないものですか」と尋ねる妻に、「おれも、はじめる前は知らなかったが、そういうもんだ」と答える古田の様子など、その人柄を彷彿《ほうふつ》とさせて愉快です。

私が古田晁という名前を知ったのは、中村光夫さんが「東京新聞」夕刊に連載していた「憂しと見し世」（後に筑摩書房刊）を、学生時代に楽しみに読んでいたからです（一九七四年三月六日～六月十五日）。古田晁はその連載が始まる前年、十月三十日に亡くなっています。中村氏がこの文学回想記の筆を執《と》ったきっかけは、『フロオベルとモウパッサン』以来、親しく接してきた古田の死去にありました。「あれが古田なのかな」と、火葬場の煙突から晴れた秋の夕空にのぼっていく煙を、ぼんやり見ている場面が冒頭に描かれます。

初対面のとき、古田という社長はどうも「自分の作品を読んでいないらしい」と中村氏は察します。ところが、「ともかく筑摩書房から本を出されたことを、後悔なさるような仕事は絶対しませんから」と言い、「筑摩書房というこの世にまだ存在しない本屋の名を、ひどく愛着と自信をこめて発音するのが、記憶に残りました」とあります。

こせこせしたところが少しもなく、「あの古田君は、見どころがある」（落合太郎）、「古田は人相がいいから信用ができる」（辰野隆）と初対面で相手を惚れ込ませる魅力。三十年史の執筆を依頼された和田氏の反応にも、それが窺えます。「古田晁という人は、意あって言葉がたりないようだが、言葉がたりないためにかえって意を通じる妙なところがある。私は、これはお引受するより仕方があるまいと即座に覚悟した」。

さて、『筑摩書房　それからの四十年』は、その会社が戦後の全盛期を経て、次第に苦境に追い込まれていく六〇年代から書き起こされています。それは筑摩書房を支えてきた文学全集・個人全集が次第に先細りになり、会社を維持するためには新たな方策を考えなければならない時期でした。一九六六年、古田の後を受けて二代目社長に竹之内静雄が就任します。そして彼の指揮の下で、経営の多角化・総合出版社化路線が模索され、さまざまな試みが行われます。しかし、決定打を見出せないばかりか、それが裏目となって、徐々に資金面で苦境に立たされます。竹之内社長は一九七二年に辞任し、古田が亡くなるのは翌年のことです。

そこから倒産までは約五年ですが、このあたりの内情にはリアリティがあります。危機が迫りつつあるというのに、組織的な惰性から脱し切れず、経営規模の見直しや経営体質の改善に本気で取り組もうとしないこと。製造業でありながら生産部門（編集）と営業部門との連携がなく、企画の吟味から最終的な販売・宣伝戦略まで、それぞれがバラバラに昔ながらのやり方を墨守《ぼくしゅ》し、市場の変化に対応できないこと。そこから負のスパイラルが始まり、社内的な停滞感、堕落、腐敗が生まれること、等々。この国の古い出版社が大なり小なり抱えてきた課題が、この会社に集中的に、縮図のように現れたと言えるでしょう。

やがて資金繰りでいよいよ追い詰められ、目先のキャッシュフロー欲しさに、苦し紛《まぎ》れに行われたのが「紙型再版」という禁じ手でした。同じ紙型（印刷するときの元版）を流用して、あたかも新しい別の本であるかのように仕立てて読者に売りつけようとするやり口です。永江さんの糾弾は、そこを厳しく衝《つ》いています。

新世紀に入ると、食品偽装事件があちこちで発覚しましたが、紙型再販も似たようなものです。しかも、これは巧妙でした。古田時代に築いた筑摩書房のブランドと、それを背景にした有利な取引条件を悪用したのです。もっとも、読者は出版社よりも賢く、紙型再販にそっぽを向きました。そのため返品率は上昇し続け、とうとう会社更生法の適用申請となったのです。天罰覿面《てきめん》。

ここで指摘されているポイントはふたつあります。ひとつは「なぜ筑摩は倒産したのか？」という理由です。当時の論調を見ると、筑摩は良心的出版を堅持しようと努力してきたが、世の中が低俗志向になったためにそれでは立ち行かなくなり、ついに倒産に追い込まれた、という見方が主流でした。しかし、これは的を射ていません。真相は上記のような紙型再販の作り過ぎや、商品の無理な送り込みによる返品増などで、一気に返品額が膨れ上がったためでした。明らかに経営の失敗であり、人災です。読者が活字離れを起こしたからでも、低俗になったからでもありません。

次に倒産は避けられていたかもしれない、という点です。会社更生法というのは、ふつう債務を圧縮するための法律であって、「最低でも三割カットぐらいが当時は常識」だったといいます。ところが、資産と負債のバランスを見ながらその圧縮幅を検討していくと、最終的に「更生計画はこの負債の債務カットを行わず、一〇〇%弁済する」という異例の結論に至ったというのです。これを言い換えれば、キャッシュフローが不足したのと、銀行や取次からの追加融資が受けられないのに慌てた経営陣が、「更生法申請に飛びこんだ」というのが真相です。つまり、「黒字倒産ではないが、限りなくそれに近い状態だった」わけで、もし必死で融資先を探せば倒産を免れていた可能性があるのです。

しかしながら、本書のためにその過程をつぶさに調べた永江さんの結論は、「倒産して良かった」のひと言です。もちろん、そのために払った犠牲は大きく、多数の人が迷惑を被ったことを忘れるわけにはいきません。それでも「幸いにして倒産した。倒産したから一から出直すことができた」、「倒産の真実を書くのはつらかったけれども、倒産をのりこえて再生していくプロセスを振り返るのは、じつに気持ちのいいものでした」と述べています。

そこからの新しい物語は、「筑摩」から「ちくま」レーベルへの表記の変化が象徴するように、文庫・新書を柱にしたブランド戦略の転換が図られ、併せて全社的な体質改善が行われていくプロセスです。ここには知人が何人も登場してきて、彼らが倒産を機に必死で取り組んできたリストラクチャリング(本来の意味での「再構築」)の実態が詳しく描かれています。

私がこの世界に入ったのは、筑摩書房倒産のまさにその年でした。友人たちは入社四カ月目にしてその事態に直面しました。それだけに、あの夏のことや、それから以後の推移については、多少とも知っているほうだと思っていました。それを「鳥の目」で、あるいは「虫の目」で、ひとつの物語としてまとめ上げるのは至難の業だとも思っていました。

永江さんは、それを果敢にやってのけたと思います。出版界の未来図を考える上で、この本、いやこの二冊から学ぶべきことは少なくないと感じます。

二〇一一年三月二十四日

No. 478

“昭和の聖水”を求めて

宮島英紀
『伝説の「どりこの」　一本の飲み物が日本人を熱狂させた』
（角川書店）

「どりこの」とは、なんともへんてこな名前です。命名の意図も不可解ですが、いまではすっかり忘れ去られたこの液体が、昭和初めに一大ブームを巻き起こした人気商品であり、しかも発売元があの講談社であった――と聞けば、著者ならずとも、その正体を突き止めたくなるのは当然です。

「どりこの」とは、いったいどんな飲み物だったのか？　なぜ爆発的に売れたのか？　大手出版社がどうしてそれを売ったのか？　そして、それはなぜ消えたのか？　――田園調布の住宅街で、ふとした拍子に目にとまった「どりこの坂」という標柱。この出会いがしらの衝撃が〝知りたがり屋〟のツボを押しました。以来、足かけ八年にわたる発掘調査が始まり、昭和の闇の奥に埋没しかけていた、幻の飲料の実像が次第に明らかにされていきます。

「友達がみんな飲んでいる！」といって親にせがんで買ってもらったものだ。やさしい甘さだった。今あれば、もう一度飲みたい。

田辺聖子さんが本の帯に寄せている言葉です。四五〇ｃｃ入りで定価一円二〇銭。現在の価格にすれば、五〇〇〇円から六〇〇〇円といいますから、決して安い値段ではありません。原液を五倍から七倍の冷水や湯で薄めて飲むとはいえ、「庶民には手の届かぬ贅沢品だった」にちがいありません。

それにもかかわらず、大ブームが起きました。発売元の講談社には、「血色がよくなった」「胃病が全快した」「子供のカンの虫がおさまった」「喘息が改善した」「便秘がなおった」「精力がついた」「勉強ができだした」といった感謝の手紙が次々に舞い込みます。挙句《あげく》は、危篤《きとく》に陥っていた父親が生き返ったと、「家族中が喜びにうち震えている」歓喜の手紙が届きます。まさに霊験《れいげん》あらたかなる万能の飲料が世を席捲《せっけん》した観があります。

発売当初、年間生産量は五万本程度でした。昭和四年に日本橋の三越本店で販売され、銀座の資生堂パーラーだけで飲むことができたといいます。ところが、「どりこの」の存在を知った講談社の創業者である野間清治社長が、昭和五年にその発明者である高橋孝太郎博士と独占販売契約を結びます。そして、野間社長の陣頭指揮の下、「なにごとが起きたのか」と世間を瞠目《どうもく》させるような「破天荒な大宣伝」と、「販促史上例を見ない超弩級のキャンペーン」が展開されます。すると、一気に売上が急伸。本格的な発売開始からわずか一年にして、約二二〇万本を生産するまでにブレイクします。

ブドウ糖を主成分とする「どりこの」は、さわやかな甘みと滋養《じよう》を売り物にした健康飲料でした。その頃の日本人の平均寿命は、男四四・八二歳、女四六・五四歳という短命ぶり。「抗生物質の普及までには、まだ十数年の時を待たねばならず、人々は肺炎や結核などの細菌感染症におびえ」ながら暮らしている時代でした。また、昭和四、五年といえば、世界恐慌が吹き荒れ、国内の不況も深刻の度を増し、「大学は出たけれど」が流行語になるような暗い世相でした。

そこに彗星のごとくあらわれたのが「どりこの」である。

『美味と滋養の二重奏』『心氣を爽快にし元氣を百倍す！』といった華々しく、頼もしいコピーをひっさげて登場した「どりこの」に、人々はキラキラと輝く希望を見たにちがいない。

定価の1円20銭は、決して安価とはいえないものの、節約すれば庶民にも手が届く価格設定だったこともあり、〝甘い誘惑〟に吸い寄せられた人々の間に、「どりこの」はたちまちブームを巻き起こしていった。

怒濤《どとう》のようなＰＲ作戦でした。新聞・雑誌にこれでもかとばかりに広告攻勢をかけ、宣伝ポスター、垂《た》れ幕、アドバルーン、仕掛け花火、どりこのネオンなどが次々と登場します。いまでいうキャンギャルを起用した試飲実演会が話題を呼びます。著名人、人気スターを総動員した愛飲者のコメントをはじめ、子どもたちの漫画のヒーロー「のらくろ」までが「こいつァ豪儀《ごうぎ》だ！　人間世界で大評判なのも當然《とうぜん》だワイ！」と推薦の弁をふるいます。

さらにアッと驚く「大景品つき大売出し」が名古屋、大阪で開かれます。名古屋では、「内地産上等白米一俵」（一〇〇〇名）が松坂屋脇の空き地に大山を築き上げ、「奈良名所遊覧招待」（一〇〇名）、「市電またはバス回数券一冊」（二〇〇名）、「名古屋城拝観券」（一〇〇〇名）、「活動写真招待券」（三〇〇〇名）という、空クジなしの大盤振《おおばんぶ》る舞いです。

大阪では、同じく「上等白米」（一〇〇〇俵）をはじめ、「ヤマサ醤油（九升入り）」（二〇〇〇樽）、「どりこのゆかた」（三〇〇〇反）、「講談全集」一冊進呈（三万冊）などが用意されます。また髙島屋で「日本一づくし展覧会」を開催する際には、髙島屋壁面に超巨大な「どりこの横断幕」を張りめぐらせ、街にはチンドン隊や行燈《あんどん》行列隊が繰り出します。ここまで徹底した「ド派手で濃厚な」宣伝は、さすがの浪速《なにわ》商人の度肝をも抜き、「大阪では3歳の童子でも〝どりこの〟を知らざる者なし」の評判をとったといいます。

「宣伝狂」とも称された野間社長の執念のPR攻勢を両輪の一方とするならば、もう片方で「どりこの」の大躍進を支えたのは、講談社ならではの少年部という組織でした。満十四歳以上、二十歳以下の独身男性で、小学校卒業以上の学力を持ち、身体強健、思想堅実な少年たちからなるこの部署は、野間社長独自の教育観に基づいて作られたものでした。

採用は、大正二年から昭和十七年まで続けられ、昭和十一年には約四六〇名の正社員に対して、少年部員は約四三〇名の大部隊だったといいます。彼らはおよそ三年から五年の修業を経て社員見習いとなり、さらに二、三年で昇進し、一人前の社員への道が開かれました。叩き上げの少年部出身者は、やがて編集長や重役になった者も少なくなく、「講談社の歴代副社長8人のうち、じつに4人が少年部出身」だといいます。

実学重視の学習や修練と、日常のありとあらゆる作業、雑事をこなしながら、彼らは「どりこの」大販売の縁の下の力持ちとなりました。万単位におよぶ「どりこの」の梱包《こんぽう》や発送、宣伝物の手配、販売店からの受注処理など、彼らの貢献を抜きにしてはとても実現不可能でした。「膨大な

写真提供：講談社

野間清治社長と講談社少年部

注文に応えることができたのは、少年たちがいたからであり、もしも彼らの尽力がなかったら、『どりこの』は全国にいきわたらず、販売数にもかげりが出た」にちがいないのです。

　この「独創的にして奇抜な社員教育」を主導した野間社長は、常々「中学校に入らなくとも偉くなれる」と説いて、少年たちの教育には特段の情熱を注ぎました。大宗教家、大文豪、大実業家……とにかく「大の字のつく者になれ」と刻苦勉励を説き、「裸一貫《はだかいっかん》を男子の本懐とすべし」と、文字通り裸の付き合いを通した野間の言動は、少年たちを強く魅了するものでした。休みは正月二日間だけ、という体制が確立したのも、「だんな様が休みなく働いているのだから、自分たちも今後の休日は返上したい」と少年たち自らが申し出た結果でした。いくら「野間が思いなおすよう説得しても、少年たちは頑《がん》として聞き入れ」なかったというのです。

「四方に使いして君命を辱《はずかし》めず」というのも少年たちのモットーでした。使いに行った先々で、「何時間玄関で待っていても、ちっとも形を崩さ」ず、豪雨と落雷をついて原稿を受け取りに現れても、「立ったまま気をつけの姿勢で微動だもしない」上に、近くに落雷してもなお「泰然自若《たいぜんじじゃく》」として騒がない、といった姿は、家の主を感服させずにはおきませんでした。

戦争中、少年たちは軍隊に召集されますが、「少年部で鍛えられていたので、軍隊生活はとても楽でしたね」と語っているほどです。まさに最強の実働部隊が講談社の社業を支えていたわけです。「野間の膝下で薫陶《くんとう》を受け、気魄《きはく》をみなぎらせた少年部員たちの活躍は、社内において酵素的な役割を果たし、正社員たちも突き上げられるようにして、日々の業務で踏ん張りを見せた」とあります。野間社長と少年たちとの交流は、本書のハイライトのひとつです。

ところで、この発掘ルポルタージュが成立したのは、当時の膨大な資料が講談社にほぼ完璧に残されていたからにほかなりません。収録されている多くの写真をはじめ、夥《おびただ》しい数に及ぶ過去の記録や証言が、しっかり整理・保管されていることには舌を巻きました。二〇〇九年の創業一〇〇周年を記念した「物語　講談社の100年」全一〇巻（他に年表・資料とＤＶＤ）にも圧倒されましたが、実はその前の「五十年史」（一九五九年発行）を編むにあたり、社員ＯＢたちからの聞き取りをした「社史資料」が、なんと一四五巻も保存されているそうです。他の出版社ではまず考えられないことです。

きわめつけは、今回の主役——「どりこの」が三本、秘蔵されていることでした。社内某所に設けられた収蔵庫のロックを解除し、重い防火扉を開けた巨大金庫のような空間に、数々のお宝（横山大観の表紙絵原画から『少年倶楽部』の紙模型附録まで）に囲まれるようにして、「どりこの」がながい眠りについていたのです。

著者はそれを前にします。くもりガラスのビンの周囲は一四面体にカットされ、「まるで高級香水の容器のようにエレガントで典雅な装い」のままです。ただ、透き通った黄金色と言われていたはずの「どりこの」は、どうしたことか、無気味な「どす黒い液体」になっていました。昭和十五年一月製造の「どりこの」が、歳月の経過とともに色を変えていたのです。しかし、著者は意を決して申し出ます。「ちょっと味見させてください」と。

汗でわずかにしめった手のひらで、「どりこの」をやさしく引き寄せる。そして、錫でつくられた銀白色の口金をつまみ、ゆっくりとコルク栓を引き抜いた……。すると、香気とはほど遠い発酵独特のアルコール臭がたちのぼったではないか。製造から約70年もの年月が経っているのだ。まちがいなく賞味期限は切れている……。さすがに後悔が頭をもたげたが、いまさら「やっぱりやめときます」とは言えない。

さて、ソムリエよろしく「どりこの」を口に含んだ著者の感想は……直接、本書に当たっていただきたいと思います。ともあれ、こうした突撃精神のたまもので、徐々に明らかとなった「どりこの」の歴史は、無類に面白い物語です。

また、講談社代理部（通信販売）では「どりこの」だけでなく、何でも売りました。カメラ、バリカン、手風琴《てふうきん》、洗剤、布団、コルセット、人形、書見器、鼻洗器、豊頬器《ほうきょうき》、空気銃、カスミ網、わきが脱臭剤、オリジナル石鹸、「美眼薬」、即席カレーまで、なんと一〇〇〇種を超す夥しい商品を取り扱いました。「どりこの」開発者・高橋博士の人となりも独特なら、なぜ「どりこの」が戦後復活したものの、いまや完全に姿を消してしまったのか、というミステリーについても、驚くような真相が語られます。

二〇一二年一月二十六日

No. 583

麗子の祖父、劉生の父

会期の最終日にギリギリ間に合って、岸田家三代の展覧会を見ることができました。世田谷美術館で開かれていた「岸田吟香《ぎんこう》・劉生《りゅうせい》・麗子知られざる精神の系譜」展です。

幕末から維新にかけて縦横無尽の活躍をした「鬼才」岸田吟香と、その息子であり、愛娘をモデルにした「麗子像」で知られる大正期のカリスマ洋画家・劉生、さらに劉生の娘で演劇人・画家・文筆家として、やはり表現者の道を歩んだ麗子――この親子三代の血脈をたどる、非常に見応えのある展覧会でした。

中でも秘かに期待していたのは、めったにお目にかかれない貴重な資料を通して、岸田吟香の躍動ぶりをこの目で確かめることでした。岸田吟香といっても、もはやなじみのない名前かもしれませんが、これほどバイタリティにあふれる明治の傑物もいません。いまでいう起業家であり、近代ジャーナリズムの先駆者であって、ともかくこの人の事績を並べれば、「日本初」のオンパレードになるのです。

・日本初の鉛活字の作成。
・日本初の本格的な和英辞書「和英語林集成」の刊行。
・日本初の民間新聞「新聞紙」の創刊。
・日本初の〝社会部記者〟にして、従軍記者。
・「広く人に読ませる」ことを意識した平易な口語体の考案者。
・日本初の液体目薬「精錡水《せいきすい》」の製造販売で大成功した実業家。
・「精錡水」の巧みな宣伝で衆目を集めた広告デザインの先駆者。
・美術を中心としたメセナ（芸術文化支援）活動の推進者。
・社会奉仕、社会福祉活動のパイオニア。
・上海訪問は実に八回に及ぶ日中友好の開拓者。

他にも、北海道函館の氷製造販売、越後での石油採掘、盲学校の設立、江戸横浜間の蒸気船定期航路開拓など、まだまだ手がけた事業は数多くありますが、どうしてこれほどのマルチタレントが誕生したのかは、いまだに不思議でなりません。

幼名は岸田辰太郎《たつたろう》。岡山県北部の美作国《みまさかのくに》の庄屋の長男として、一八三三（天保四）年に生まれています。幼い頃から神童と呼ばれた吟香は、やがて江戸に出て漢学を学びますが、幕末の混乱の中で風呂屋の三助をやったり、大工の手伝いをやったり、ついには深川の妓楼《ぎろう》で箱屋（箱に入れた三味線を持ち、座敷に出る芸妓に従って行く男衆）をつとめるなど、社会の周縁的なところを遍歴します。ただ、そのまま「脂粉《しふん》の巷《ちまた》」に埋没するつもりはなく、かたわらで蘭学を学んでいました。その時、たまたま目を患い、町医ではいっこう良くならないのに業を煮やし、駆け込んだ先が神奈川で施療所を開いていたアメリカ人宣教師ヘボンのところだったのです。

「ヘボン式ローマ字」にいまもその名をとどめるヘボンですが、今日ふうにいえばヘップバーン。幕末の日本人にはどうにも発音しづらくて、それがヘボンとなり、本人も「平文」と称していました。「ローマの休日」のオードリー・ヘップバーン、アカデミー主演女優賞四回受賞のキャサリン・ヘップバーンという二人の有名映画女優がいますが、キャサリンのほうは、わがヘボン博士の一族にあたります。ペンシルバニア州フィラデルフィア近郊の出身。プリンストン大学で神学を学び、ペンシルバニア大学で医学を学んだプレスビテリアン派教会の宣教師で、一八五八年に日米修好通商条約が調印された後、教会が日本に送り込んできた人物です。

ここまでのあらましは、三好徹《みよしとおる》『近代ジャーナリスト列伝』（中公文庫）を下敷きにしながら述べているのですが、そもそもこの本で初めて岸田吟香という快男子を知り、それですっかりファンになりました。

さて、ヘボンは受診してきた大男（吟香は一八〇センチ、九〇キロの巨漢でした）と話すうち、この正体不明ながら「ちゃんとした教育をうけているように思われる」若者は、いま自分が進めている辞書編纂の助手に使えるのではないかと考えます（ヘボンが辞書を作ろうと思い立ったのは、布教の障害となる言葉のカベを克服するためでした）。

吟香に異存はありませんでした。ただちに深川を引き払い、ヘボンの家に移り住みます。そして午前中は診療を手伝い、午後は辞書編纂に取り組み、治療と英語の勉強に明け暮れます。吟香が「新聞」の社会的意義に目覚めるのも、この時期のことでした。

とまぁ、こんな調子で一代記を語っていたら、面白すぎてとても終わらないのが吟香の困ったところです。ちなみに、「吟香」という号は、芸者の使い走りをするうちに、姐《ねえ》さんたちから「銀公」と呼ばれて重宝がられていたからだといいますが、真偽のほどはわかりません。

ともかくこの型破りの人間が近代日本にもたらした功績のうちで、もっとも大きなひとつに新聞人としての活動があることは間違いありません。草創期の「海外新聞」、「横浜新報もしほ草」などを経て、一八七三（明治六）年九月、現在の毎日新聞の前身となる「東京日日新聞」に入社し、初代主筆に就任します。そして翌年、明治政府初の海外出兵である台湾出兵が持ち上がると、即座に吟香は呼びかけます。


「戦争というのは最大のニュースだ。国民の全部が関心をもって読む。西洋の新聞では、こういうときは必ず従軍記者を出す。わが社は他社に先がけて送り出そうではないか」

吟香は、いまでいう社会部記者の感覚で新聞を作ろうとしている。戦争の是非の論説はどの新聞でも行うだろうが、読者が欲しているのは、政論ではなく、現実の戦闘のなまなましいレポートである。そのためには、どうしても従軍しなければ、生のニュースは書けない。

三好・前掲書

ところが、これに応募するものが誰一人として現れません。せっかくの名案も断念せざるを得ないかと思った時、「いや、諦めることはない」、「ぼくが従軍記者になろう」――巨躯《きょく》をゆるがすようにして、吟香が名乗りを上げるのです。

こうしてわが国初の従軍記者が誕生します。しかも、「軟派記事を書かせたら及ぶものがいなかった」と言われる才筆だけに、自分の目で見、耳で聞いたことを、臨場感あふれる文章にして次々と書き送ってきます。短文ながら、挿絵もまじえたわが国初の従軍記事は、たとえば次の一文です――。

岸田吟香生蕃の地を経過せしに、途中或る渓流を渉らんとて、股引を脱ぎ靴を取りてまさに水中に歩し入らんとする際、たちまち一人の土人来り合せて背負ひ渉らんと云ふ、これを謝し断れども強て進むる故、その背に乗らんとすれば、渠《か》れ力弱くして立つこと能はず、遂に思を止む。蓋し土人元より力弱しとも吟香亦常人より甚だ肥大なればなり。

三好・前掲書

〝土人〟表記は今ならあり得ないものですが、現地人が吟香を背負って渓流を渡ろうとしたところ、あまりの巨体であったがゆえに、立つこともできなくて諦めたという笑い話です。こんな調子ですから、「東京日日新聞」の評判は高まる一方で、部数は一気に五〇〇〇部以上増えて一万五〇〇〇部の大台にのったと言われます（創刊時は一〇〇〇部でした）。まさに吟香の独壇場でした。

ところで、今回の展覧会で何より嬉しかったのは、その彼の傑作と呼ばれる記事に初めて接することができたからです。それは明治十一年、十二年の天皇の地方巡幸に同行した際の〝雑報〟で、三好徹氏は次のように解説しています。

なかでも十一年のそれは、吟香の持味を存分に発揮したもので、ことに、雨の中を、駕籠《かご》で箱根ごえした「風雨中箱根を越ゆるの記」は、雑報記事の模範とまでいわれた。
吟香は、三島でやとった駕籠にのって箱根の難所をこえるのだが、むろん、外へは一歩も出ずに、十数時間を風雨の音だけを聞きながらすごした。
そのくせ、彼の文章を読むと、箱根の嶮がまるで目の前にうかぶように書かれているのである。といって、彼は、デタラメを書いたわけではなかった。「駕籠は逆さまに向くやうにて頭より膝の方が高くなり……かごやの息杖カチカチと石に触るはすでに箱根の坂口に掛りたるなるべし」というように、自分の感覚でつづるのだ。

三好・前掲書

当時、主筆を務めていた福地桜痴《ふくちおうち》は大いに感心して、社員たちに「これを読め」と命じたといいます。明治天皇の様子をいっさい記すことなく、豪雨をついて箱根を駕籠で越えていく経緯を、リズミカルに、ユーモラスに、迫真的に綴っていますが、引用されているのは上記の箇所だけ。いったい全文はどのようなものか、いつか読みたいと願っていました。その「東京日日新聞」一八七八年十一月十一日に掲載された記事が、今回展示されていたのです。現代風表記に改めて、その一部を紹介します。

サア駕丁《かごかき》はやく遣れと急がせ又れいのヒヨイヒヨイと登るに頭は棒にコツコツ当り両膝は天に朝して屈て伸ばすこと能はず坂はますます嶮しく雨はますます烈しく漸々高き処に至るに従がひ風さへ強く吹き来り谷底より吹き揚る風には下より雨を吹き込まれ上より来る山おろしには松の露やら涙やら顔も身体もビツシヨリ濡れて寒きこと玄冬の如く手も足も冷え通りたれども引纏うべきケツトも持たねばガタガタ振へながら縮り居るに舁夫《かごや》ども〻寒い寒いと云ひつ〻折り折り竹杖を取り落すは手が亀《かぢ》かんで持てぬなるべし。

さて、その後の名文記者の半生は、ヘボン博士直伝の「精錡水（日本初の点眼薬）」の製造販売で

「麗子微笑」(『山藤章二のブラック・アングル25年 全体重』朝日新聞社より。
初出は「週刊朝日」 1979年5月4日豪「山藤章二のブラック・アングル」)

財をなす一方、そこで得た利益を訓盲院設立のために寄付したり、さまざまな慈善活動、あるいは美術家などの支援、書籍の出版、日中交流など、あいかわらず八面六臂《はちめんろっぴ》の活躍ぶりです。どこを切っても「文明開化」の時代をエネルギッシュに生き抜いた先駆者の面貌《めんぼう》が現れます。

そして晩婚であった吟香が一四人なした子どもの中で、五十八歳の時に生まれた第九子の四男は、「生れる子供が男子だったら、『劉生』と名付けるように」と言いおいて上海に出かけた間に誕生しました（岸田麗子『父 岸田劉生』中公文庫）。名前は北宋初期の画家・劉道士に由来するとされ、生まれながらにして画家になることを運命づけられていたのが劉生です。

実は、山藤章二さんのあまりに見事な戯画が現れて以来、劉生の代表作である「麗子像」は故・大平正芳首相の顔がダブって現れ、印象がかなり歪《ゆが》められていました。小沢昭一さんが激賞したように、「あれ見てると元の麗子の顔がどうしても思い出せないのよ!!」と呆気《あっけ》に取られるパロディーの白眉《はくび》です。

しかし、さすがにオリジナルの「麗子像」は、圧倒的な迫力でした。その重厚さに大平首相の〝顔〟も消し飛びました。そして、ここに描かれた麗子自身が、三十八歳で早世した父の遺志を継ぐように、自らも画家の道に進むのですが、一九六二（昭和三十七）年、彼女も四十八歳で急逝します。

展覧会のタイトルにある「知られざる精神の系譜」とは、「それぞれの個を貫き通したこの稀有なる親子三代の物語」――三者に共通する「独りわが道をゆくことを恐れなかった生き方」を指すものです（主催者「ごあいさつ」より）。さらに言えば、それぞれが深い愛情と敬意に結ばれた魂の継承者であったという点です。

ところで、数年前にちょっとしたブームになった「卵かけご飯」は、吟香が全国に広めたという説があります。生卵に生醤油をたらして溶きほぐし、それを熱々のご飯にかけて食べるという単純きわまりないレシピです。今回の展示でも、どこかに岸田家代々の味として紹介されていないかと探してみましたが、どうやらこちらの「系譜」は見当たりませんでした。

二〇一四年四月十日

No. 603

寅彦のまなざし

柏木博『**日記で読む文豪の部屋**』(白水社)

作家の内面と住まいとはどのような相関関係を持っているのか——。日記や作品にあらわれた記述を通して、作家たちがわが家について抱いていた思いや感情を考察したのが本書です。事例として選ばれているのは、夏目漱石、寺田寅彦、内田百閒《ひやっけん》、永井荷風、宮沢賢治、石川啄木、北原白秋といった七人の「文豪」——。とはいえ、作家論といった大それた構えではなく、勝手口からフラリとお邪魔して、主《あるじ》たちの普段着の表情を見せていただくところがミソと言えます。

生涯、借家住まいだった漱石ですが、彼にとっては「縁側」というのがキーワード。日本家屋に特有な「内部と外部の中間の空間」、『部屋』と『庭』との縁(関係づける)をつくる空間」を漱石は好み、庭の草木を愛《め》でながら、書斎には花を活け、気に入った書画骨董を置き、「強固な趣味の精神的空間」を楽しみました。

永井荷風はある時を境に、趣味豊かな住まいや家具什器、書画骨董のたぐいをすべて処分して、麻布に「偏奇館」という、ペンキ塗りの（偏奇館はペンキ館のもじり）風情も趣も何もない事務所のような住まいを構えます。そして、ここは文章を書くことと寝るための空間と限定し、女中部屋に万年床を敷き、電話帳を枕に眠ります。そして、しばしば外食し、公衆浴場など都市の商業施設を利用して、住まいの機能は必要最小限にとどめます。

また、単身生活者として都市を遊歩することに精を出し、東京という空間自体を住まいのように楽しみます。「荷風にとっての都市は、さまざまな人が暮らす、ほとんど部屋にちかいものだったのではないだろうか」と著者は述べますが、実際の住居に無頓着《むとんちゃく》だった代わりに、自らの日々の行動や、街の風俗、世相などを詳しく書き取った記録――『断腸亭日乗《だんちょうていにちじょう》』に自身の痕跡を残そうとしたのではないかと見立てています。

絶望的な貧しさのため、一九〇六（明治三十九）年、石川啄木は母と妻を連れ、東京から岩手県の郷里・渋民村へ戻ります。三人の寝室、食堂、応接室のすべてを兼ねた六畳ひと間の暮らしが始まります。黒くなった古畳、古障子、土塗りの壁という農家の煤《すす》けた一室の、片隅に置かれた「机」だけが「我が書斎」となりました。

生涯まともな部屋を持つことができなかった啄木は、満二十六歳での死の前年（明治四十四年）に「家」という作品を書いています。

今朝も、ふと、目のさめしとき、
わが家と呼ぶべき家の欲しくなりて、
顔洗ふ間もそのことをそこはかとなく思ひしが、……

「西洋風の木造のさっぱりとした」家がほしい、と「廣き階段とバルコンと明るき書齋」のある、願った彼の嘆きが胸を打ちます。

生涯におよそ四〇回近く転居したという北原白秋は、小田原に通称「木兎《みみずく》の家」を構え、ここで一九一九（大正八）年から一九二六（大正十五）年まで――三十四歳から四十一歳の期間を過ごします。途中、大正十二年の関東大震災によって家は半壊するのですが、白秋はそのまま生活を続けます。

― 私の家はいよいよ荒れはてゝ了つた。風が吹くたびに壊れてゆく。かうした二階に住んでゐる ―

ので危険千万だが、何もかも億劫だから荒れるまゝにまかせて住んでゐる。これもおもしろい。然し震災の時ならまだしも、二年も三年も過ぎて、而も天気晴朗の日に家が倒れて親子四人が圧死したとなつては赤面される。……かうした私の書斎生活を「揺れてる書斎」として、新年号の婦人公論に書いた。

北原白秋「山荘より（日光室）」

ここまで来ると達人の境地とも言えそうですが、実は白秋はこの時期に「童謡」を自らの新しい表現ジャンルとして確立し、もっとも充実した創作活動に励んでいました。自然に囲まれたこの空間は、彼にとってきわめて重要な意味があったのです。山田耕筰作曲による名作「からたちの花」が作られたのは一九二五年、崩壊していく住まいがいよいよ限界に近づいた時でした。

こうして読み進めていくにしたがい、日本人にとっての住まいとは何なのか、さらに現代の私たちにとってそもそも家とは何だろうか、という問いかけがじわじわ浮かんでくる仕掛けです。

さて、編集者になったばかりの頃、先輩から仰せつかったのは、「できるだけ人に会え」ということでした。何でもいいから自分できっかけを見つけて、積極的に人を訪ねるのが商売だと教えられました。「外」で会うこともまれにはありましたが、基本的には御宅に伺うというのが、一九七〇年代後半あたりでは通例でした。おかげで東京および近郊の地理にはずいぶん明るくなりました。また訪問する際の暑さ寒さ、雨や雪、道すがら目にした光景などが、相手の印象と重なって、いまでも懐かしい思い出としてよみがえります。

ベストセラー作家の意外に質素な自宅にも、昔ながらの文士の匂いが濃厚な住まいにも、また清貧という言葉がいかにも似つかわしい碩学《せきがく》の書斎にも、機会があるごとにお邪魔しました。「家に行けば、その人のすべてがわかる」と豪語した先輩編集者もいましたが、たしかに家の主がしつらえた小宇宙に身を置くと、いろいろなことが毛穴から染み入るように体感できたのは事実です。

その意味で、私にとってもっとも本書で面白かったのは寺田寅彦の章でした。漱石門下にあって異彩を放った文人肌の物理学者です。彼自身、若い頃は友人との行き来がほぼ日課のようになっていて、好んで人を訪ねています。それも「自らの専門の枠を超えて、文学に関係する人々はもちろん、美術などさまざまな領域の人々との交流を楽しんだ様子」がうかがえます。

そんな寅彦が正岡子規を訪ねた時の様子が紹介されています。一八九九（明治三十二）年九月に書かれた「根岸庵を訪う記」です。少し長い引用になりますが、とても興味深い文章です。

――黒板塀と竹やぶの狭い間を二十間ばかり行くと左側に正岡常規《つねのり》とかなり新しい門札がある。黒――

い冠木門《かぶきもん》の両開き戸をあけるとすぐ玄関で案内を請うと右わきにある台所で何かしていた老母らしきが出て来た。姓名を告げて漱石師よりかねて紹介のあったはずである事など述べた。玄関にある下駄が皆女物で子規のらしいのが見えぬのがまず胸にこたえた。外出という事は夢のほかないであろう。枕上《まくらがみ》のしきを隔てて座を与えられた。初対面の挨拶もすんであたりを見回した。四畳半と覚しき間《ま》の中央に床をのべて糸のように痩せ細ったからだを横たえて時々咳が出ると枕上の白木の箱のふたを取っては吐き込んでいる。青白くて頬の落ちた顔に力なければど一片の烈火瞳底《どうてい》に燃えているように思われる。左側に机があって俳書らしいものが積んである。机に倚《よ》る事さえかなわぬのであろうか。右わきには句集など取り散らして原稿紙に何か書きかけていた様子である。

さりげない寅彦のまなざしは、玄関先に並んだ下駄が「女物」だけであることから、子規の病状がもはや外出できなくなって久しいことを瞬間的に感じ取っています。こういう寅彦の知のかたちを、著者は「徴候的知」（対象の隠れたものを感じ取り発見するまなざし）という言葉で理解していますが、これはまさに寅彦の随筆のスタイルや魅力そのものです。

一見したるほどもないと思われる日常身辺の現象の中から、日本人の情感に響くテーマを見つけ、真理を抽出するという、きわめて難しい作業をみごとにこなす寅彦の手際のよさは、ほとんど〝名人芸〟の域に達していた。

小山慶太『寺田寅彦』中公新書

その寅彦の住まいは非常に開放的な設計でした。子ども部屋が家族の集まるひとつの中心になっていて、その日も子ども部屋に一家みんなが集まって、寅彦はオルガンを弾いていたのです。すると、裏木戸を抜けて縁側にひとりの「乞食」が入ってきます。

彼は私の顔を見てなんべんとなく頭を下げた。そしてしゃがれた、胸につまったような声で、何事かしきりに言っているのであった。顔いっぱいに暑い日が当たってよごれた額の傷のまわりには玉のような汗がわいていた。
よく聞いてみるとある会社の職工であったが機械に食い込まれてけがをしたというのである。そして多くの物もらいに共通なように、国へ帰るには旅費がないというような事も訴えていた。
幾度となくおじぎをしては私を見上げる彼の悲しげな目を見ていた私は、立って居室の用簞笥から小紙幣を一枚出して来て下女に渡した。下女は台所のほうに呼んでそれをやった。私が再びオルガンの前に腰を掛けると彼はまた縁側へ回って来て幾度となく礼を言った。そして「だんな様、どうぞ、おからだをおだいじに」と言った。さらに老人や子供らにも一人一人丁寧に礼を言ってから、とぼとぼと片足を引きずりながら出て行くのであった。

寺田寅彦「乞食」

闖入《ちんにゅう》してきた乞食に対する寺田家の反応は独特です。寅彦には「プライベートな居住空間を侵されたという感覚」はないようです。また、「子どもたちゃ老人にもそうした感情はない」と著者は言います。この家は、「外にむかって開かれた印象すらある」と。

「どうぞ、おからだをおだいじに」と言ったこの男の一言が、不思議に私の心に強くしみ透るような気がした。これほど平凡な、あまりに常套であるがためにほとんど無意味になったような言葉が、どうしてこの時に限って自分の胸に食い入ったのであろうか。乞食の目や声はかなりに哀れっぽいものであったが、ただそれだけでこのような不思議な印象を与えたのだろうか。しゃがれた声に力を入れて、絞り出すように言った「どうぞ」という言葉が、彼の胸から直ちに自分の胸へ伝わるような気がすると同時に、私の心の片すみのどこかが急に柔らかくなるような気がした。そしてもう一度彼を呼び返して、何かもう少しくれてやりたいような気さえした。
黙って乞食の挙動を見ていた子供らは、彼が帰ってしまうと、額のきずや、片手のない事などを小声でひそひそと話し合っていたが、まもなく、それぞれの仕事や遊びに気を奪われてしまったようである。子供らの受けた印象は知る事はできない。

何ということもない身辺の些事《さじ》かもしれませんが、妙にこの文章が心に染みます。寅彦のえもいわれぬ包容力や、親と子の距離感が新鮮に映ります。子どもらのひそひそ話に口をさしはさむわけでもなく、状況を見守っている寅彦のまなざしが印象的です。そして、わが家に対して抱いていたであろう寅彦の願いや感情がいかにも彼らしく、心惹かれる何かを感じるのです。
「なるべく心の忙《せわ》しくない、ゆっくりした余裕のある時に、一節ずつ間をおいて読んでもらいたい」と望んだ彼の短文集『柿の種』(岩波文庫)を、ふと読み返したくなりました。

二〇一四年九月十八日

No. 488

心眼のジャーナリスト

坪内祐三『**探訪記者松崎天民**』（筑摩書房）

大らかというべきか、型破りというか。いずれにせよ、これほど愉快で痛快な本というのも、めったにお目にかかれるものではありません。三部構成からなる本書は、もともと筑摩書房のPR誌「ちくま」に連載されていたもので、初出は次の通りです。

第一部　一九九六年四月号〜一九九七年三月号
第二部　二〇〇一年三月号〜二〇〇二年二月号
第三部・エピローグ　二〇一〇年四月号
〜二〇一一年七月号

すぐにおわかりいただけるように、二度にわたる長期の中断をはさんで、計四〇回におよぶ連載をまとめたのが本書です。それがいかに異例の企画であったか――。

まずは第三部の書き出しをお読みください。

久し振りの松崎天民である。

と、こう書いてみたら、この書き出しに記憶がある。

調べてみるとそれは『ちくま』二〇〇一年三月号だ（つまりもう九年も前のことだ）。

その号から始まった連載「続・探訪記者松崎天民」の書き出しを引用する。

〈久し振りの松崎天民である。

どれぐらい久し振りかと思って調べてみると、前回の連載（「探訪記者松崎天民」）の最終回が載ったのは、『ちくま』の一九九七年三月号だから、ちょうど丸四年振りのことである〉

それからさらに九年というわけだから、最初からカウントすれば十四年。凄い歳月だ（小学校に入学したばかりの子供が成人式を迎える年月だ）。

こうして再開された連載が完結を迎えるまでに、十五年あまりの時間が費やされています。「その間、天民のことばかり考えていたわけではないが、もちろん、気になってはいた」という弁明に、思わずニヤリとさせられるのがこの本の魔術です。

気負いのないテーマへの向き合い方と、一方で歴史の陰に埋もれた「異才」の足跡をできるだけ具体的に再現しようとする情熱、またその追跡調査のプロセスや息遣いまでをも叙述していこうというスタイルが、いかにも松崎天民を描くにふさわしい手法であることに気づかされます。つまり、この本の成り立ちや構え方、そして書き方そのものが、松崎天民という「おそらく誰も知らない」人物評伝にかなっている面白さ。それが本書の魅力です。

さて松崎天民といえば、読書人にとっては一九二〇年代のモダン都市・東京を活写した『銀座』（中公文庫・ちくま学芸文庫）の著者として、『銀座細見』（中公文庫）の安藤更生《こうせい》や、『明治大正見聞史』（中公文庫）の生方敏郎《うぶかたとしろう》らとともに記憶に残る名前です。しかし、それ以外の彼の実像はというと、知りたくともほとんど手がかりのない状態が続きました。その天民に、ふとしたきっかけで著者は心を動かされます。もともと「明治大正の面白人物」に興味を持ち続けていた著者は、ある天民の紹介文と彼のトボケた表情の写真を目にして、「彼の著作をもっともっと読んでみたい」と改めて関心を抱いたのです。そして、入手が困難であった彼の膨大な著作を、古書店や早稲田大学中央図書館の「西垣文庫」という「近代日本のジャーナリズム及び都市風俗資料の宝庫」で探し出し、「気がつくと私は天民にはまっていた」のです。

ところで、偶然のことながら私も松崎天民という人物が何かしら気になる存在でした。というのも、かつて勤めていた中央公論社が一九八六年に創業百年を迎えた際に、天民が「中央公論」に寄稿したいくつかの作品を読む機会があったからです。中でも「新聞記者懺悔録」（大正十二年六月号〜九月号）という自伝的な文章は、当時の時代相が生き生きと伝わってくる貴重な手記でした。

時の編集長であった滝田樗陰（名編集長として名を馳せた）は、「中央公論」の部数拡張のために一計を案じていました。すなわち、表看板である時事論文（吉野作造のデモクラシー論など）や創作欄（文壇の大家たちの力作）だけでは正直「肩の凝るものばかり」なので、「能の間に狂言がはさまれるように」、寝ころんで気楽に読めるくだけた読み物が必要だと考えていました。そこで、新たに開拓したのが「中間読み物」というジャンルでした（杉森久英『滝田樗陰』中公新書）。

中間読み物には、それにふさわしい作家のグループがあった。松崎天民・生方敏郎・田中貢太郎・村松梢風などである。この人たちは、あるいは社会の下層にうごめく淫売婦の生態をえがいたり、珍しい犯罪や裁判事件の内情を調べたり、政界や官界の裏面をあばいたりして、読者の興味をひくような記事を書いた。これらは、今日でいえば新聞の社会欄や週刊誌のルポ記事に当たり……実際のところ、そのころの『中央公論』で一番よく読まれたのは……これらの軽い読み物だったのである。

滝田樗陰もまた、このことをよく心得ていて、下谷界隈の花街を飲み歩くときは、いつもこの人たちを同伴していた。おそらくこの人たちは、文壇の大家や学者・評論家のように、見識ぶったり、気取ったりしていないので、樗陰にも気楽につきあえたのであろうし、酒の席で談笑しているうちに、次の号のいい企画が生まれるという一徳もあったものであろう。樗陰はよく、「松崎さん。あなたは十円出しなさい。残りは全部私が持ちましょう。ひとつ、今夜は愉快にやろうじゃないですか」

このようにいって、松崎天民たちを誘ったものだという。彼らはまた、中央公論社をまるで自分たちのクラブのようにして、年じゅうあそびに来てぶらぶらしており、夕方になると、樗陰といっしょに飲みに出かけるのであった。

杉森・前掲書

当然、周囲にはこういう付き合いを快く思っていない人たちがいて、樗陰の死後、天民らに原稿を依頼しないことが最初の「申し合わせ」事項になったとさえ言われます。ともあれ、樗陰の英断によって、天民はルポ記事で本領を発揮しただけでなく、『淪落の女』という小説でもデビューを果たし、売れっ子作家の仲間入りを果たすのです。

そういう天民の活躍ぶりは知っていましたが、本書を読んで初めて彼の足跡や、文筆活動の全体像を知ることができました。一八七八（明治十一）年、岡山県県北の没落した名家の生まれ。高等小学校二年を中退すると、社会に出てさまざまな職業を遍歴します。貸本の行商、村役場の書記兼受付、牛乳配達、タバコ工場勤務、新聞配達、労働組合の書記、人力車夫、等々です。そういう中にあって、「作文だけはいつも百点だった」という少年は、いつしか「新聞記者になりたい」と夢を育みます。そして、「大阪新報」を皮切りに、「大阪朝日」、徳富蘇峰の「国民新聞」「東京朝日」などを渡り歩きながら、もっぱら「探訪記者」を務めます。

探訪記者とは、身軽に町へ飛び出して、面白そうな社会ネタを記事に仕立てる雑報担当です。天民は私娼窟《ししょうくつ》や貧民街の木賃宿《きちんやど》、盲唖院や精神病院に果敢に潜入して体験ルポを試みます。あるいは「現代の女学生」気質を考現学的に観察したかと思えば、大逆事件の死刑囚の様子を生々しく描くなど、硬軟取り混ぜた記事をものします。「『人に逢ふ』それが既に、一つの仕事なのであつた」と言い、自らの肉声や実感をにじませた「小説と雑報」の間をゆくような独自のスタイルを確立します。「国民新聞」に連載した「木賃宿通信」は、こんな調子です。

――木賃宿町に在る一膳飯屋の汚穢《きたな》いことは、予《かね》て想像して居たけれど、来て見ればより以上の汚――

なさ穢はしさ、醜と言はうか怪と言はうか、さすがの自分も驚いた。庭の広さは四坪も有らうか、壁から天井へ掛けて一面の煤だらけ、棚には壊れた膳やら、茶碗やら、白い物と言つては、「込みあひの節は御待ち下されたく候」とした柱に張つた紙片ればかり、酒が何処に置いて有るやら、肴が何に入れてあるやら、黒くて暗くて更に判らぬ。

序だから記して置く、富川町三千の労働者が、風呂に入るのは五日に一度位、理髪をするのは二月に一度、多くは年に四回位しか床屋の鏡を見ないと言ふ。此の労働者を得意とする湯屋には、朝日湯とてスプリング薬湯の有る家と、他に二三軒、床屋では高橋、辻床なんぞ普通の所と変りなく、立派に店を構へて居る。湯銭は普通の通り二銭五厘、理髪は十銭、髭剃五銭、最も繁昌して居るのは、高橋といふ床屋であつた。毎日金を儲けても、食うと寝る方が大切なので、湯銭の二銭五厘もなか〳〵惜しく、理髪の十銭に至つては、容易に思ひ切りが付かねえので、多くは蓬頭乱髪の穢い姿、人間らしい根性が、段々薄くなるのも無理は無い

天民の記事は具体的な事物の観察力、会話の再現に秀でていて、生活空間をリアルにとらえているところが特徴です。学歴もなく、さまざまな職業を経験した叩き上げの来歴が、妙なイデオロ

ギーに目を曇《くも》らされることのない、彼のリアリズムを形成しています。表現はしばしばセンチメンタルで文学的ですが、自分に正直なところが天民の天民たる魅力です。決して志操堅固《しそうけんご》でもなければ、小心者で臆病なくせに、どこか憎めない愛敬があって、俗っぽい野次馬ではあるけれども、卑俗とは無縁の、一本筋の通った「どぶ板ジャーナリスト」――。

真骨頂はいくつもの事例で示されます。足尾鉱毒問題で注目された谷中村の強制破壊をめぐる現地ルポも典型です。その場には『谷中村滅亡史』（岩波文庫）を一気に書き上げる二十歳の「平民新聞」記者、荒畑寒村も来ていました。彼は強制破壊が実行された日のことを、こう書いています。

あゝ、記憶せよ万邦の民、明治四十年六月二十九日は、これ日本政府が谷中村を滅ぼせし日なるを。

かくて遂に二十九日は来れり、植松第四部長の率ふる破壊隊二百余名は、午前八時恵下野佐山梅吉方より破壊に着く……。

漢文調の引き締まった文体です。一方の天民はこんな文章です。

六月二十九日午前八時、薄雲の空にソヨとの風も吹かぬ。旧谷中村大字恵下野六十六番地、佐山梅吉（四十五）の住宅は、強制執行第一日の門出に破壊されるのだ。

現場に立ち会っていた田中正造の言葉も、両者はともに書き記しています。しかし、寒村が自分の文体に落とし込んで描いているのに対して、天民は田中の怒りに震える口調をそのままに、リアルに再現しています。「どちらの方がジャーナリスティックで臨場感があるかと言えば、それはやはり松崎天民の方だ。……むしろ、明治四十年代にあって、このようなノンフィクション文体を持っていた天民はとても新しかったのではないか」と著者は天民に軍配を上げます。

あるいはその数年後の大事件――明治四十三年五月に起きた大逆事件では、翌年一月に被告二六名に対する判決が下されます。その中で唯一の女性被告、管野《かんの》スガに死刑判決が言い渡された瞬間を、天民は目撃して報じます。また刑が執行された内山愚童《ぐどう》の遺体を追うと、関係者になりすまして落合の火葬場にまで入り込み、臨場感あふれるスクープを放ちます。当時、「東京朝日」の同僚だった石川啄木に衝撃を与えたという一文です。ツキも実力のうち、とはよく言いますが、「天民の後ろ姿を追っているだけで、歴史の貴重な瞬間の匂いをかぐことが出来る」という天才的な勘の良さがありました。

このように「根っからのジャーナリスト」である天民の多面的な活躍、またその文章の新しさを描きながら、彼を取り巻く逸材たちの興味深いエピソードもふんだんに紹介していきます。新聞・雑誌メディアの揺籃《ようらんき》期に異彩を放った彼らもまた、天民と同じく歴史の中に埋没している存在です。

生涯に三〇冊ほどの著作をものした天民は、明治から大正にかけての変転目まぐるしい時代の貴重な観察者となりました。大正三年に東京朝日を去った後も、新聞ジャーナリズムとは常に関わりをもちながら、雑誌の人気ライターとして都市風俗のリポートなどで健筆をふるい続けます。また第二期の雑誌「食道楽」の編集兼発行兼印刷人として、食の大衆化時代の渦中の人ともなりました。

それらを要するに、天民は時代感覚の鋭い「天性のジャーナリスト」であったというのが、著者の見立てです。そして、彼を語る際の〝勲章〟は「探訪記者」という称号です。幼い頃から極度の近視だった彼の武器は、心の目に映じたその時代、その場面の「実感」なのでした。

二〇一二年四月五日

第4章

作家の死、一時代の終わり

No. 425

寂寥だけが道づれ

後藤正治『**清冽　詩人茨木のり子の肖像**』（中央公論新社）

手元の古い手帳を調べてみると、二〇〇五年の八月でした。東海道線の熱海と小田原の間にある根府川《ねぶかわ》という小さな駅で、列車の到着を待っていました。真夏の昼下がりで他に人気もない無人駅でしたが、古い駅舎には趣があり、誘われるように待合室を覗いてみました。すると、そこに詩の一節を抜き書きした額が掛かっているのを見つけました。

根府川
東海道の小駅
赤いカンナの咲いている駅
たっぷり栄養のある
大きな花の向うに
いつもまっさおな海がひろがっていた

茨木のり子さんの初期の代表作「根府川の海」でした。敗戦の翌日、学徒動員先の工場から、実家のある愛知県まで帰る途中、ここで見つめた光景を、その八年後に書いたという作品です。この日も、同じようにカンナの花がたくさん咲いていて、ホームに立つと目の前に相模湾の海と空が大きく開けていました。「いつだれが書いて掛けたのか、わからない」と聞きましたが、きっと茨木さんのファンのひとりが飾った額なのだと思います。彼女の訃報《ふほう》に接したのは、その半年後のことでした。

一九九九年十月、詩人が七十三歳のときに刊行した八番目の詩集『倚《よ》りかからず』は、誰も予期しなかったような事件になりました。詩集は売れないと相場が決まっているのに、発売ひと月後、担当編集者の机の上には、全国津々浦々、老若男女を問わず、十代から八十代まで幅広い世代からの読者カードが積み重なりました。初版は五〇〇〇部。詩集としてはかなりの刷り部数でしたが、瞬く間に版を重ねます。

朝日新聞の「天声人語」が取り上げたこともインパクトがありました。「ここ数日、一冊の本を前に、ぼうぜんとしている。ただ、圧倒されているのだ。茨木のり子さんが七年ぶりに出した詩集『倚りかからず』（筑摩書房）である」（一九九九年十月十六日）。増刷の連絡をするたびに茨木さんは困惑したような声を洩《も》らし、それはいまも担当者の耳の奥に残っているそうです。「もうおよしになって。詩集なんてそんなに売れるものじゃないんですから……」

もはや
できあいの思想には倚りかかりたくない
もはや
できあいの宗教には倚りかかりたくない
もはや
できあいの学問には倚りかかりたくない
もはや
いかなる権威にも倚りかかりたくはない
ながく生きて
心底学んだのはそれぐらい
じぶんの耳目
じぶんの二本足のみで立っていて
なに不都合のことやある

倚りかかるとすれば
それは
椅子の背もたれだけ

「倚りかからず」

ついには十数万部というベストセラーになったこの詩集によって、ノンフィクション作家の後藤正治さんも茨木さんの読者になったといいます。さらに六年後、彼女の死去を機に、改めてこの詩集をひもとき、また他の詩集やエッセイを手にして、「本当の読者」としての付き合いが始まりました。本書は、こうして出会った茨木さんの詩や散文をたどりながら、彼女が自らの感性と向き合い、自分を律しながら、詩句を紡《つむ》いでいった姿に目を凝《こ》らします。

「清冽《せいれつ》」とは、まさに彼女の生き方そのものです。著者は、表現者としての彼女の潔さ、凛とした姿勢、一貫して自己と厳しく向き合い、なにものにもとらわれることなく、手ごたえのある表現を追い求めた生涯を、温かく描き出します。

戦中派の感性を体現した代表作「わたしが一番きれいだったとき」から、四十八歳にして夫を喪《うしな》い、五十代に入ってから書かれた「自分の感受性くらい」を経て、死後に刊行された最愛の夫との日々を描いた詩集『歳月』にいたるまで、多岐にわたる彼女の作品に広く目を配りながら、それらを貫く茨木のり子という詩人の人格、姿勢、運命を、本書は鮮やかに浮かび上がらせています。

また日記や散文の中の貴重な言葉に加えて、日常生活で彼女と交流のあった人々や詩人仲間などの証言も織り交ぜながら、彼女の輪郭をできるだけ均衡の取れた形で紹介しようと努めています。五十歳近くになって始めた朝鮮語を、それまでの人生では考えられないほど「一心不乱」に学び、ついには韓国現代詩を六二編訳出した『韓国現代詩選』を刊行するまでのプロセスも、語学教師の印象などを通して興味深く描かれています。

こうして彼女の作品と足跡をたどる作業の中から、筆者はひとつのキーワードとして「寂寥《せきりょう》感」という語に着目します。誰からも好かれ、家族の情愛にも恵まれた彼女が寂しいというわけではありません。ユーモアを好み、自分自身を笑う精神は彼女の持ち味でした。ただ、五十二歳を迎えた茨木さんは書いています。「戦後あれほど論議されながら一向に腑《ふ》に落ちなかった〈自由〉の意味が、やっと今、からだで解るようになった。なんということはない『寂寥だけが道づれ』の日々が自由ということだった。この自由をなんとか使いこなしてゆきたい」と。


人生上の変化でいえば、一九七五（昭和五十）年に夫・三浦安信を喪い、以降、一人暮らしが続いていく。作風にくっきり線が引かれるわけではないが、かすかな変容はうかがわれる。あえて前期・後期に分けるとすれば、一九七七（昭和五十二）年、五十代に入って出された『自分の感受性くらい』に境目を見てもいいだろう。それはまた、一般の読者に彼女の詩が広がっていった時期とも重なっている。

ぱさぱさに乾いてゆく心を
ひとのせいにはするな
みずから水やりを怠っておいて

気難しくなってきたのを
友人のせいにはするな
しなやかさを失ったのはどちらなのか（中略）

駄目なことの一切を
時代のせいにはするな
わずかに光る尊厳の放棄

自分の感受性くらい
自分で守れ
ばかものよ

あるラジオ番組の中で、「私自身は人を励ますとか、そんなおこがましい気持で詩を書いたことは一度もありません。自分を強い人間と思ったことも一度もない。むしろ弱い、駄目な奴っていう思いがいつもありましてね、信じられないかもしれませんが（笑）。それで自分を刺激したり鼓舞《こぶ》する意味で詩を書いてきたところがある」とも語っています。

「個」としてあり続けるための孤独。「個人の感性こそ生きる軸になるものだ」という確信。そして意志の力で「自身を律し、慎み、志を持続して」詩作に向き合おうという姿勢。それこそが、「茨木のり子の全詩と生涯の主題」であり、彼女のメッセージでもある、と筆者は述べます。

〝盟友〟石垣りんさんへの弔辞《ちょうじ》の中で「あなたの抱えていた深い寂寥感」というふうに、「寂寥感」という言葉を使って共感を吐露しているように、独りであること、「ただ己の感受性が信じうる手触りのなかで生きること」をつねに拠《よ》りどころにした人だったと言えるでしょう。

二〇〇六年二月十九日、電話連絡に応答のないことを不審に思って訪ねた甥《おい》が、東伏見の自宅で倒れている彼女を発見。すでに死後二日が経過していました。死因はくも膜下出血および脳動脈瘤の破裂でした。夫亡き後、一人暮らしを三十一年近く続けてきた茨木さんは、万一に備え、遺書でも、口頭でも死後の処理の方針を明確に伝えていました。遺体はすぐ荼毘《だび》に付すこと、通夜や葬儀や偲《しの》ぶ会などは無用、詩碑その他もいっさい断るように。そして死後、しばらくしてから親しい人に送ってほしいと「別れの手紙」も用意されていました。日付と死因が空白で、添える写真を組み込む位置まで指定された原稿は、あくまで身ぎれいに死を迎えようとした彼女らしい最期を象徴しています。

さらにその死から四カ月後、書斎の整理をしていると、整理棚の奥の片隅から茶色のクラフトボックスが発見されます。「Y」と小さく書かれてありました。Yとは夫・三浦安信さんの頭文字。夫と過ごした時間を追想した作品の存在を数人は耳にしていたそうですが、中にはその原稿が収められていました。

死後の刊行を版元に希望していたところから、一周忌にあたる二〇〇七年二月に、その詩集『歳月』（花神社）は出版されました。「出版されたら私のイメージは随分と変わるだろうけれども、それは別にいいの。どう読んでもらってもいい。ただ、これについてはどなたの批判も受けたくないのでね」という言葉も残されています。

一読した谷川俊太郎さんは思わず電話をしようと受話器に手が伸びたそうです。「茨木さん、今度の詩集はとてもいいじゃん、といいたくなりましてね。でも、もうそれはかなわない。そう思うとひどく辛くなりましたね」。

『歳月』に収録されている「一人のひと」です。

ひとりの男《ひと》を通して
たくさんの異性に逢いました
男のやさしさも　こわさも
弱々しさも　強さも
だめさ加減や　ずるさも
育ててくれた厳しい先生も
かわいい幼児も
美しさも
信じられないポカでさえ

見せるともなく全部見せて下さいました
二十五年間
見るともなく全部見てきました
なんて豊かなことだったでしょう
たくさんの男《ひと》を知りながら
ついに一人の異性にさえ逢えない女《ひと》も多いのに

「一人のひと」

一九五八年に建てられた、いま見ても斬新なデザインの自宅は、甥夫婦の手でその後も大切に維持されています。『茨木のり子の家』（平凡社）は、主が暮らしていた歳月の余韻と、彼女の愛した静謐《せいひつ》な空間を、あるがままに伝えてくれます。

二〇一一年一月十三日

No. 650

なんのために　生まれて
なにをして　生きるのか

梯久美子

『勇気の花がひらくとき　やなせたかしとアンパンマンの物語』

（フレーベル館）

子どもたちに絶大な人気があるのは知っていましたが、身近に子どもがいないせいで、絵本もアニメも見る機会がなく、テーマソングを聞くこともありませんでした。アンパンマンの人気の秘密は、よくわからないままでした。

ところが、東日本大震災の後、被災地の避難所で、ラジオから流れる「アンパンマンのマーチ」に合わせて、子どもたちの大合唱が始まったという話を聞き、目を開かれるような衝撃を受けました。

そうだ　うれしいんだ　生きるよろこび
たとえ　胸の傷がいたんでも

なんのために生まれて　なにをして生きるのか
こたえられないなんて　そんなのはいやだ！

今を生きることで　熱いこころ燃える
だから君はいくんだ　ほほえんで

本書は、「アンパンマン」の生みの親であるやなせたかしさんの評伝です。子ども向けに書き下ろされた一三六ページの物語ですが、鮮やかに浮かび上がるのはやなせたかしという稀有《けう》な漫画家の詩心です。

「内気でさびしがりやだった、ごくふつうの男の子」が、どのような経路をたどって「ぼくの子供であり、ぼく自身でもある」というアンパンマンを生み出したのか。生涯を綴る各章の冒頭に、その章の内容にもっともふさわしい詩作品を置いたのは、詩人としてのやなせの本領をくっきり際立たせたいという、著者の願いの表れです。「アンパンマンのマーチ」の作詞も、もちろんやなせたかし自身です。

さて、日本じゅうで愛されているアンパンマンの人気の秘密ですが、本書には、アニメの「アンパンマン」を成功させたテレビプロデューサーの話も出てきます。子どもたちの人気者になって、それ以前にもテレビ化の企画は何度か浮上していました。けれども、テレビとなると「いまの子どもたちには、こういう地味なものはうけないよ。ヒーローは、かっこよく敵をやっつけないと人気が出ないからね」という局内の反対論に押し潰され、なかなか実現には至りませんでした。今回も難しいだろうと、やなせさんは思っていました。実際、険しい道のりでした。本来なら、とうにあきらめてもいいはずでした。ところが、このプロデューサーは粘りました。

「どうしてそんなに熱心なの?」

たかしがきくと、その人は言いました。

「ある日、子どもがかよっている幼稚園にいったら、たくさんある絵本の中で、一さつだけ、手あかがいっぱいついて、ぼろぼろになっているものがありました。それが、アンパンマンの絵本だったんです」

ぼろぼろになっていたのは、おおぜいの子が、何回もくりかえし読んだからでした。

「みんな、こんなにアンパンマンが好きなんです。テレビアニメにしたら、ぜったいに人気が出ます」

子どもたちがひっきりなしにページをめくったので、この一冊だけがボロボロになっていたのです。その絵本を見た瞬間に、テレビマンに〝何か〟が閃《ひらめ》きます。見る人をなごませ、明るい気持ちにしてくれる主人公。強くてかっこいいヒーローではないけれど、お腹をすかせた人たちのために、自分の顔を食べさせるという正義の味方は、これまでにないキャラクターでした。

それに先立つこと十数年前、やなせは五十四歳で初めて『あんぱんまん』という絵本を書きました。評判は芳《かんば》しくありませんでした。「マントはぼろぼろだし、ヒーローなのにちっともかっこよくない」、「顔を食べさせるなんて、ざんこくだ」といった批判を浴びました。

でも、たかしがこの絵本でいちばんえがきたかったのは、おなかをすかせた人に顔を食べさせたアンパンマンが、元気をなくしてふらふらになるところだったのです。そこには、

(正義をおこない、人を助けようとしたら、自分も傷つくことをかくごしなければならない)

という考えがありました。

(自分の食べものをあげてしまったら、自分が飢えるかもしれない。いじめられている人をかばったら、自分がいじめられるかもしれない。それでも、どうしてもだれかを助けたいと思うとき、ほんとうの勇気がわいてくるんだ)

アンパンマンの評判が悪くても、たかしはこの考え方をかえませんでした。

顔が濡れただけで力が抜けてしまう。武器は何ひとつ持ちません。誰かに顔を食べさせたら、毎回、ジャムおじさんに作り直してもらわなければなりません。それでも、困っている人がいれば、自分の危険もかえりみず、必ず「君を助ける」ために飛んでいく――。このようなヒーローの着想はいったいどこから生まれてきたのでしょう。

やなせたかしという名前には、早くからなじみがありました。一九六四年から六七年にかけて、NHKテレビで毎週月曜日夕方六時から放送された「まんが学校」を見ていたからです。まだ白黒時代のテレビ創成期。若手（！）落語家の立川《たてかわ》談志が司会を務めるクイズ番組で、オープニングに漫画の描き方を子どもたちに教えるベレー帽のおじさんというのがやなせさんです。

ところが、実際のやなせさんがどんな漫画を描いているのか、作品に触れる機会はありませんでした。当時、漫画雑誌で人気を誇った手塚治虫《おさむ》、横山光輝、赤塚不二夫、石ノ森章太郎、ちばてつやといった漫画家たちとはまったく違う道を行く人でした。「遅咲きだった」という言い方を、やなせさん自身は好みます。

「ぼくはポツンと取り残されていて、華やかな一群の後方はるかに置き去りにされた」「ぼくは漫画集団員ではあったが、ほんの片隅の見えない星屑にすぎなかった」（『アンパンマンの遺書』岩波現代文庫）。

「手のひらを太陽に」という歌があります。やなせさん作詞のヒット曲です。

ぼくらは　みんな生きている
生きているから　歌うんだ
ぼくらは　みんな生きている
生きているから　かなしいんだ
てのひらを太陽に　すかしてみれば
まっかに流れる　ぼくの血しお

「もともとは、たかしが自分をはげますためにかいたものだった」といいます。歌はこんなふうに続きます。

みみずだって　おけらだって
あめんぼうだって
みんなみんな　生きているんだ
ともだちなんだ

ところで、本書を読む前に、たまたま門田隆将氏の『慟哭の海峡』（角川書店）を読んで、台湾とフィリピンの間にあるバシー海峡で戦死した（一九四四年十二月、二十三歳没）やなせさんの弟、千尋《ちひろ》さんのことを知りました。

「アンパンマンの顔を描くとき、どこか弟に似ているところがあって、胸がキュンと切なくなります」と自ら語っているように、弟には格別な思いを終生抱き続けました。「千尋があの時、死なないで生きていたら」としょっちゅう口にしていたらしく、二〇一三年に亡くなる直前にも、先に逝った最愛の妻と、弟の名を呟《つぶや》いて、「ありがとう、ありがとう、ありがとう……」と言い続けたそうです。

――「兄ちゃんといっしょでなければいや」

と言って、いつもくっついてきた弟は、ひとりで遠くへいってしまったのです。

（なぜちひろが死んで、ぼくだけが生きのこったのだろう。ちひろは、ぼくなんかよりずっと優秀だったのに。ハンサムで明るくて、みんなに好かれていたのに）

たかしは、ちひろのお墓の前に立って話しかけました。

「いったいきみは、何をしたかったのだろう。きみのかわりにやるとすれば、ぼくは何をすればいいのだろう」

門田氏の著書には、先ほどのテレビプロデューサーの証言も出てきます。「アンパンマンと千尋さんって、ちょっとダブっている気がするんです。……先生は、千尋さんの顔をアンパンマンに重ねあわせていて、たぶんアンパンマンが生まれた時に、そういうイメージが先生にあったのではないでしょうか」。そして、やなせさん独特の正義感についても語っています。

「子供たちに〝正義というのは大事なんだよ〟ということを、アンパンマンを通して教えていく、という先生のメッセージは一貫していたような気がします。自己犠牲というか、頭を、お腹が空いてる子供たちにあげて、そして、自分はそれでいいんだ、というような犠牲的精神を、アンパンマンはいつも持っています。……もしかしたら、やなせさんには、弟さんのことを思っている部分がどこかにあって、それを引き継いでいるのかもしれないんだ、と思います」

ところで、本書の著者、梯《かけはし》久美子さんは、太平洋戦争で壮絶な戦場となった硫黄島玉砕《ぎょくさい》の時の総指揮官・栗林忠道中将を描いた『散るぞ悲しき』（新潮文庫）で二〇〇六年大宅壮一ノンフィクション賞を受賞しています。それを聞いて喜んだやなせさんは、自らが編集長を務めていた「詩とファンタジー」に梯さんを招いて対談しています。そこで自らの戦争体験や、千尋さんの話を初めて梯さんに語ります。梯さんとの縁の始まりは、ずっと昔にさかのぼるのですが……。

わたしは、小学生のときに「やさしいライオン」の映画を見て感動し、高校生のころから、やなせ先生が編集長をされていた『詩とメルヘン』に、詩をかいておくるようになりました。何度か掲載されたのがうれしくて、大学を卒業すると、上京して『詩とメルヘン』を出版している会社に就職し、やなせ先生のもとで働くようになったのです。

本書「あとがき」

やなせ先生は、学校の先生をしたことはないけれど、みんなが自然に「先生」とよびたくなる人でした。この先生は、けっしていばらないし、ああしろ、こうしろとも言いません。いつもだまって自分の仕事をしています。でも、だれかが元気をなくしたり、ピンチに立たされたりすると、かならず助けの手をさしのべてくれるのです。とてもさりげなく、そして、少しはずかしそうに。

三十年間も編集長を務めた「詩とメルヘン」と、それを引き継いだ「詩とファンタジー」に関わった人たち（寄稿者、編集者、読者など）を一堂に集めたパーティを、やなせさんは毎年、自前で開催しました。初回は七五人だったのが、最後の頃は二〇〇人を超えたその会は、名づけて「星屑《ほしくず》同窓会」――。

「詩とメルヘン」では、毎号選に洩《も》れた詩を五、六篇、小さく掲載するページがありました。モノクロの地味な体裁ですが、一篇一篇にやなせさん自身がさし絵をつけました。「小さな活字でも、載るとうれしいでしょ」というので、「星屑ひろい」と命名されました。大きく輝く星だけではなく、見過ごされる星屑にも目をとめようという編集長のはからいです。

わかくて無名でまずしくて、でも、何かになりたいというこころざしをもった人に、やなせ先生はほんとうにあたたかかった。きらめく才能よりも、いっしょうけんめいさをたいせつにして、「天才であるより、いい人であるほうがずっといい」と、よくおっしゃっていました。

同

二〇一五年十月十三日はやなせさんの三回忌でした。八月には、戦後初めてバシー海峡戦没者の大規模な慰霊祭が、台湾の最南端で行われました。本書の刊行が、戦後七十年のタイミングに重なったのも、アンパンマンのはからいかもしれません。

二〇一五年十一月五日

No. 652

四半世紀を経て書かれた歴史

徳岡孝夫『**五衰の人　三島由紀夫私記**』（文春学藝ライブラリー）

「実は、あす朝十一時に、あるところに来てほしいんです。だが、このことは、くれぐれも口外なさらないように願います」

「おいで願う場所は、あす朝十時に編集部へ電話で指定します。あ、それから、毎日新聞の腕章と、できたらカメラを持って来て下さい。それじゃ、あす十時に」

一九七〇年十一月二十四日、午後一時をまわった頃でした。「サンデー毎日」編集次長を務めていた著者は、ダラダラ続いていた編集会議をそろそろ切り上げようとしていました。電話をかけてきたのは、三島由紀夫氏です。声の調子はふだんと変わることなく、上記の用件を告げると、電話は切れました。

翌朝、出勤すると、いまさっき三島さんから電話があったと告げられます。時計を見上げると、指定された午前十時を五分過ぎていました。「しまった」と思う間もなく、二度目の電話がかかってきました（断るまでもありませんが、当時、携帯電話などはなく、卓上の大きな、おそらくは黒い電話器のベルが鳴ったのです）。


「もしもし」三島さんの声だった。私を確認してから、彼は言った。

「おいで願う場所というのは、市ヶ谷です。自衛隊市ヶ谷駐屯地のすぐそばに市谷会館というのがありますが、そこへ午前十一時に来てほしいんです。玄関に楯の会の制服を着た倉田またはは田中という者がおります。その者が御案内することになっております。では十一時に」

「承知しました」

会話はそれだけだった。余計なことは何ひとつ言わなかったが、丁寧で落ち着いた話しぶりだった。切迫した気配など、全く感じられなかった。私は静かに受話器を置いた。


これが生前の三島と著者がかわす最後の会話になろうとは、まだ知る由もありません。けれど、一時間後に決行されるいわゆる三島事件の証言者として、ＮＨＫの伊達宗克、「サンデー毎日」の

徳岡孝夫、ふたりの運命の歯車はすでに回り始めていたのです。「傍目にはいかに狂気の沙汰に見えようとも、小生らとしては、純粋に憂国の情に出でたるものであることを、御理解いただきたく思ひます」としたためられた便箋四枚の私信とともに、檄文《げきぶん》、写真の入った封筒が、午前十一時、市谷会館の玄関で楯の会の若者から手渡されます。死地に赴く三島から託されたのは、現場を目撃し、彼らの真意が正しく世間に伝わるように、それらを発表してほしい、という最後の頼みでした。「警察の没収をおそれて、差上げるものですから、何卒うまく隠匿された上」「檄は何卒、何卒、ノー・カットで御発表いただきたく」という遺言でした。

三島さんは、さながら戯曲の筋を組み立てるような周到さで、死に至る行動のプロットを、ディテールに至るまで準備した。究極の目的はただ一つ、三島と森田の二名が予定どおり割腹して死ぬことである。それに付随して、決起行動の真意が正しく世に伝わるという目的があった。すべてはそれを達成するよう設計され、万一途中どこかで故障が起きても運動の流れが安全な側に誤動作するよう、綿密なフェイルセーフが施された。

五十年近くもの歳月を経てなお、現場の緊迫感が生々しく伝わります。「死ぬこと、ただ死ぬことのみが、あの日の三島さんの目的だった。結果的に甚だドラマチックな演出になったが、それは観客を巻き込んだ即興劇にすぎなかった」。そして、表層的な世相は移り変わったにせよ、私たちを取り巻く日本の基本的な社会心理構造が、いまと当時とほとんど変わっていないことにも驚きを禁じ得ません。

私が初めて著者と出会うのは、この事件から十年近くが経ったあたりです。「この人があの時の……」と思う一方で、その話を切り出す機会は容易にめぐってきませんでした。ながらくベトナム報道に携わった著者に、増え続けるインドシナ難民など、別種のテーマについての原稿を依頼する仕事が続きました。

外柔内剛《がいじゅうないごう》を地で行くような、人あたりの柔らかい大阪人。物腰は丁寧で、えらそうな物言いはいっさいありません。語彙《ごい》が豊かで、文学についても並々ならぬ素養の持ち主です。温顔でユーモアをまじえながら、しかも舌鋒《ぜっぽう》鋭いひと言を繰りだすベテラン記者に、上っすべりな質問を投げかける気にはなりませんでした。高校生時代に受けた三島事件の衝撃を、自分でもどう消化していいものやら、私自身が持て余していたこともありました。

ドナルド・キーン氏と著者との三島由紀夫追善の旅『悼友紀行――三島由紀夫の作品風土』（中

公文庫）の一冊はありましたが、本書の原本が一九九六年に刊行されるまで、長い沈黙が守られたと言ってもいいでしょう。今回、新たに文庫化されたのを読み返してみて、徳岡さんに後事を託した三島さんの慧眼《けいがん》と僥倖《ぎょうこう》を改めて感じないわけにはいきませんでした。

三島由紀夫に関する研究、伝記、回想、評論は、それこそ「汗牛充棟《かんぎゅうじゅうとう》」、数えきれないほど出ています。いまさら「自分が追加すべきものは何もない」と著者は言いますが、心中深くに刻まれた作家の姿――晩年の三年半に知遇を得、最後はバルコニーの上と下、頭上八メートルの高さをへだてて獅子吼《ししく》する彼の姿――を目撃した者がどうしようもなく抱え込んでしまった屈託に、いずれは決着をつけなければならなかったと思われます。

その意味で本書は、畢生《ひっせい》のドラマの舞台に招待された関係者が、自作自演のあの死を、なぜ彼が選んだのか――仔細に記憶をたどり、その文章、発言の紙背《しはい》に目を凝らし、執拗に問いかけたレポートです。

といって、著者は自らの立場と分を忘れていません。自分はながいこと新聞記者として、数えきれないほどの相手を取材して、たくさん「面白い」人にも会ってきた。それを「新聞記者の法悦だ」と感じてきた。であるがゆえに――と自戒の言葉を発します。

……私は努めて自分の感動を殺した。溺れてはならない、自分は取材のプロなのだ、商売女が客の情欲を無感動に捌《さば》くように仕事を処理しなければならぬと自分に言い聞かせ、相手に向かってのめり込むまいとした。……

なるたけ批判精神を養って「面白い人」と距離を置き、面白さの裏を読み、騙されまいぞと努力した。だが、そう意識的に努めてさえ抵抗し難い「面白い人」はいるもので、三島由紀夫さんはその一人だった。

この距離感が絶妙で、のめりこむことを自制しながらも、つい引き込まれてしまう相手の面白さが本書には随所に出てきます。著者は「阿呆らしい」という形容詞を、何度か印象的に使っています。

誰に頼まれたわけでもないのに裸になって両手首を縛らせ、腹に矢だか槍だかを突き立てられ苦悶の表情を写真に撮らせる。いくら幼時に見て刺戟を感じた構図であろうとも、三島さんのそんな行為は、私の見るところではマゾヒズムというよりキッチュ趣味以外の何物でもなかった。文壇や文壇を取り巻くジャーナリズムの評判はいざ知らず、常識人から見ると阿呆らしかった。

最初に著者が三島氏に会ったのは、昭和四十二（一九六七）年五月二十八日、自衛隊に一カ月半、体験入隊した直後です。インタビューしながら、三島の人柄に好感を抱く一方で、いいトシをして、若者と一緒に走ったり、肉体を酷使するのは、「酔狂」に属すると、正直な感想を隠しません。

次の出会いはタイでした。同じ一九六七年の十月に、著者が特派員として赴任していたバンコクに三島がやってきます。ノーベル文学賞の有力候補とされ、前年のマスコミ攻勢に辟易《へきえき》した作家が、小説取材の用も兼ね、インド旅行の帰途に立ち寄って、東京での騒ぎから一時避難したのです。「あなたは退屈している三島さんを知る珍しい日本人です」とドナルド・キーンさんに言われたように、

三島さんは午前十一時には起きていたから、日本でのように夜通しホテルの部屋で執筆していたわけではないだろう。とすると、バンコク滞在は彼の生涯の中で珍しい無聊《ぶりょう》の日々だった。そこへ取材をするでもなく、用らしい用もないのに毎日漫然と遊びに来る私を、三島さんは変わった奴または面白い奴と感じたのではないだろうか。自決の日に受け取った手紙の中に

は「バンコック以来の格別の御友誼」とあった。私は偉い人に会うつもりで行ったが、彼は私を友と思ったのかもしれない。

トランジットのような空白の時間に、気兼ねなく、自由闊達な会話を楽しんだこのひと時が、孤独な作家にとってかけがえのない思い出になったことは容易に想像がつきます。

そして三度目は、昭和四十五（一九七〇）年六月に南馬込の三島邸で、「士道」についてインタビューした時です。よく晴れた日の午前十一時頃に訪れると、「例のコロニアル様式の家のフレンチドア」からいきなり半裸の三島が現れて、芝居気たっぷりに言います。

「やぁ徳岡さん。あなたとはいつも太陽の下で会う！」
気圧《けお》されて、われわれ三人は少し後ずさりした。

といった調子で、一定の距離を置きながら三島の魅力を描いています。そしてインタビューの間合いについて、少し解説をほどこします。

……私は三島さんと話すとき、それが取材であるかどうかを問わず、なるべく挑発的な話の持っていき方をするよう心掛けた。それは三島さんがとくにpolemic（論争好き）だからというのではなく、多少とも互いに挑発的な、従って緊張感のある対話が好きらしいことを、私の方で感じていたからだった。

相手が緊張感のある会話を好む人かどうか、新聞記者は長年の勘で嗅ぎ分ける。私は三島さんを生涯に三度インタビューしたが、三度とも「私はこう思います」「そうは思いません」と言った。「世間は……と見ているようですが」「そのへんどうですか」という緩んだ質問は一度もしなかった。三島さんの側にも、記者にダラケた質問をさせない真剣味があった。

著者は三島氏について、「健全な常識を備えた人」「バランスのとれた判断のできる人」「死に方が死に方だったから、よほどヘンな人のように思われがちだが、そうではない。私の知る三島さんは……なお元大蔵事務官の素性を失わない、素面《しらふ》の常識人だった」と述べています。こうした作家の素顔を、著者もまた冷静に、常識人の立場から見ています。この程の良さが本書の魅力であり、そうであろうとする誠実さが全体の説得力を支えています。

言ってみれば、交流は晩年の僅か三年半に過ぎません。肝胆相照《かんたんあいて》らすといった濃密な関係だったわけでなく、最後に託された重責についても、著者はクールに見ています。

まず現場を目撃する役を伊達氏と私に割り振り、前日の電話で口外を禁じた。もっと親しい人や犬馬の労をとる編集者は何人もいたはずなのに、ジャーナリスト二人を択んだ。それはオフレコだがと前置きして情報を流せば約束を守るプロだからである。また（編集者と違って）職業的傍観者であり、取材した情報をいち早く、裸のまま世間に知らせる技術者である。しかも一人は放送、一人は活字、メディアの二分野を確保した。
だからといって、伊達氏と私を全面的に信用したわけではない。

三島由紀夫、生きていれば九十歳を超えています。

二〇一五年十一月十九日

No. 655

野坂番のさだめ

二〇一五年十二月九日、野坂昭如さんが亡くなりました。お世話になった作家の訃報に接することがとみに増えている昨今ですが、私にとって野坂さんは格別の存在です。以前このメールマガジンで、新米編集者の私が女優の連載対談を命じられた話を書きました。それとほぼ同じ頃、担当を仰せつかったのが〝野坂番〟でした。

「今度、ノサカショーニョの連載を始めることになったので、担当してもらう」——ある朝、「婦人公論」編集長に告げられます。ノサカといえば……〝あの野坂〟以外に思い浮かばず、ショーニョはなるほど「昭如」のことかと見当がつき、「光栄です」と短く答えます。「ハハハ、大変だぞ」と編集長は意味ありげな含み笑いを浮かべつつ、「ま、君はまだ何も知らないだろうから、細かいことはM君に聞くように」。

……そこでM先輩に声をかけると、「ハハハ、身体は丈夫そうだから、きっと務まるよ」と、明るく笑って肩を叩きます。

数日後、Mさんに連れられて初めて野坂邸を訪れました。庭に少し突き出した造りの瀟洒《しょうしゃ》な応接間で待っていると、うつむき加減の野坂さんが現れます。われわれの顔を見るでもなく、こちらの挨拶に頷くようにして、腰を下ろします。会話の九割近くは先輩がひとりでしゃべり続け、野坂さんは時々相槌を打つくらい。最後に「なるべくご迷惑をかけないようにしますから」とボソリとひと言。「では、どうぞよろしくお願いいたします」「ええ、どうも」といった顔合わせでした。

その後、一、二度内容の打合せをし、タイトルは「行き暮れて雪」に決定します。「雪は、新潟が舞台だからというのと、昭如のユキにひっかけて」と野坂さん。挿画は司修さんにお願いすることになりました。

こうして始まった連載小説は、一回が四〇〇字詰め原稿用紙で四〇枚。名作「火垂るの墓」(『アメリカひじき・火垂るの墓』所収、新潮文庫)の主人公・清太が、駅構内で悲劇的な死を遂げるのとは対照的に、焦土の飢餓地獄、焼跡の混乱期を生き抜いて、新潟の親元で多感な青春時代を過ごすという野坂さんの自伝的小説です。

貿易商を営む裕福な養父母のもとで育った少年が、神戸で空襲に遭って戦災孤児となり、幼い義妹を栄養失調で死なせます。その負い目を抱えながら、やがて東京に流れつき、そこで窃盗を働いたために少年院に送られます。ところが、実の父親の名前を言ってみたところ、ほどなく実父と連絡が取れ、少年は新潟に引き取られます。

実父は時の新潟県副知事でした。食うや食わずだった焼跡の浮浪児が、いきなり副知事の御曹司《おんぞうし》として、公舎での新生活を始めます。そこには、先妻を亡くした父が迎えた年若い継母もいました……というのが第一回です。

書き出しのイメージもはっきりしていて、後は野坂さんが原稿用紙のマス目を埋めていくばかり……という順調な滑り出しを期待していましたが、初回から完結までの二年あまり（最後の数回は、私が人事異動で担当を外れますが）、一回分の原稿を奪取するためにほぼ二〇回は、野坂さんのもとに通います。

周囲の人たちからは、最初に編集長の顔をよぎった含み笑いの意味を、微《び》に入り細《さい》に入り講釈されます。先輩編集者だった作家の村松友視《ともみ》さん（当時は文芸誌「海」編集部）からは、それ自体がスラップスティック（ドタバタ）小説のような〝実況中継〟を聞かされます。

締切を過ぎ、遅れに遅れた原稿の督促に、深夜の二時、村松さんが野坂邸を訪ねます。他のページはすべて校了となり、野坂さんの部分だけが空白状態で残っているという、切羽詰まった状況です。インターフォンを押すと、「はい……」と「観念したような声」がして、野坂さんが門のところまで出てきます。玄関から門までは一五メートルほどの下りのスロープになっていて、編集者は降りてくる野坂さんを凝視しながら待ち受けます。

「どうでしょう……」

「それが、まだ最初のところをぐるぐる回ってるんですが」

「あの、あとは全部終ってしまってですね、今日は日曜日だもんですから、下請けの印刷所の職人を、野坂さんだけのために待たせてあるんです」

「…………」

「何とか、今晩中に最初の部分でもスタートしないと、完全にアウトなんですよ」

「……………」

「どうでしょう」

迫る村松さんに、「それじゃあ、あと二時間くらいたったら来てくれませんか」と野坂さん。「二時間、四時ですね」「そのインターフォンを、ぼくの部屋につないでおきますから」「大丈夫ですね」「そのとき、できてるだけお渡しして、それからあとはピストン輸送で……」「じゃ、四時ジャストに来ます」「本当に、申し訳ありません」「いいえ、じゃ四時ジャストに」

あと二時間。仕方がないので村松さんは、最寄り駅近くの終夜営業の焼肉店に入ります。午前四時。ジャストを厳守するのが〝編集者のダンディズム〟とばかり、再び急ぎ足で野坂邸に向かいます。

そして、月の光で腕時計を確認し、おもむろにポケットから手を出して人差指をインターフォンに近づけた。そのとき、私は信じられないことを発見してしまった。野坂昭如が午前四時に押してくれと言った、そのインターフォンがないのだ。人差指の前には、インターフォンが引きちぎられたあとの、赤と白のコイルが一本、月の光の中にあざやかに跳ね上っていたのだった。

私は、月光に浮き出た赤と白のコイルをながめながら、思わず声をあげて笑ってしまった。

（これは、俺の負けだ……）

村松友視『夢の始末書』角川書店

こうした夢幻のような出来事が、毎回手を変え品を変え、発生します。執筆中に姿をくらます、居所がつかめない、追跡劇が始まる、というのはお定まりのパターンで、ウォーミング・アップのようなもの。二〇回は通ううち、半分近くが空振りで、電話で本人の確答を得て訪ねても、「野坂は出かけております」という奥様の声を聞くか、まったく「ノー・アンサー」であったりするのです。深夜、鉄の門を乗り越えて、雨戸を叩き、庭先から書斎に向かって呼びかけたことも数回に及びます。誰かが警察に通報したら大騒ぎだな、と思ってはみても、これを敢行しないわけにはいきません。

「あれほど人格高潔な男が、平然と嘘をつくのが、わたしには判らない」と旧制新潟高校の先輩で、野坂夫妻の媒酌人である丸谷才一さんが首をかしげます（「友よ熱き頬よせよ」、『低空飛行』所収、新潮文庫）。しかし、その人格高潔の後輩が、紛れもなく、ギネス級の嘘八百を並べて雲隠れするのです。

「どちらにお出かけかお分かりでしょうか？」「それは私が教えていただきたいくらいです」――とおっしゃる奥様を責めても致し方ありません。当時、書生のように野坂家に通っていたS青年を懐柔《かいじゅう》し、彼からおおよそのスケジュールを聞き出します。あるいはレコード関係のマネジャーのHさんの助力を仰ぎ、網の目を幾重《いくえ》にも張り巡らせます。他社の編集者からも抜かりなく執筆情報を入手します。

しかし、敵もさるもの。さらに裏スケジュールを隠していたり、そもそも本人さえ忘れていた予定が急浮上したり……追跡劇はいつも予想を超えた波乱含みのゲームでした。ラクをしてすんなり四〇枚の原稿を手にすることは一度としてなく、こうした一連の〝儀式〟を共にすることで、締切のどんづまりに向けて自らの妄想をかき立てていく作家の役づくりをお手伝いしている、といった感もありました。

追いかけて新潟、山形、神戸……。逃亡先を突き止め、夜汽車で追い、現地で身柄を拘束して、東京へ連れ戻す。現地の方々には、「先生はこの後大事なお仕事が控えておりますので、本日のところはこれにて失礼いたします」などムニャムニャ説明し、脇目も振らずに駅へ急行。帰りの車中はお休みいただき、東京に着くなり、たいていは神楽坂の勝手知ったるカンヅメ旅館「和可菜」へ直行するパターン。先生には二階の部屋にお入りいただき、当方は玄関脇、階段下の部屋に詰め、一時間刻みに二枚、三枚ずつ原稿を受け取り、それを印刷所へ届けます。

この「和可菜」でも、村松先輩の苦い教訓がありました。玄関に斜めに走っている赤外線装置(人が通過すると、パポンという音が響く仕掛けになっている)を巧みに潜り抜けた野坂さんが、風のごとく姿を消していたのです。

さすがにこの域まで到達すると、ある種の尊敬の念が湧きます。といって、むざむざ逃亡を許すわけにはいきません。階段を降りるミシリという音がするたびに、部屋の襖《ふすま》をおもむろに開け、寝ずの番は監視の目を光らせなくてはなりません。

それでも一度だけ、見事に逃げられてしまいました。もぬけの殻《から》となった二階の部屋の机には、特注の原稿用紙に鉛筆書きの独特の文字で、書置きが一枚残されていました。時すでに遅し。天を仰いだことはいうまでもありません。

「自宅への夜討ち朝駆け、カンヅメ、旅行への同伴、駅での待伏せ、そしてまた自宅への夜討ち朝駆け……こんな手順を踏んだあげく、さらにその先にあるのは、印刷所へ帯同して出張校正室で書いてもらうという方法だ」（前掲書）と村松さんは述べていますが、そういえば、印刷所近くの食堂で、タモリさんのラジオ番組に出ている野坂さんの声を聞き、ニッポン放送のスタジオへタクシーを飛ばしたこともありました。出てきた野坂さんをどんなふうに迎えたか、細かいことは忘れましたが、顔を見るといつも何だか憎めなくなり、強く出られないのが野坂番のさだめです。

村松さんともよく語り合ったものですが、あれだけ酷《ひど》い目にあって、いいかげん腹も立ち、もうしばらく原稿を頼むのは止めよう、と思う端《はじ》から、最後の一枚がようやく手に入った瞬間に、怒りはすっかり消え失せて、ゴールした喜びをともに分かち合うような共感が生まれるのはなぜだろう、と。

十二月十二日、井の頭線「西永福」の駅から、かつて通いなれた道を歩き、野坂家の密葬に向かいました。あの頃は、携帯電話もメールもなく、ＦＡＸすらまだない時代でした。

おまけに野坂邸の周りには公衆電話もなく、インターフォンに何の応答もない時は、待たせておいたタクシーで公衆電話のある場所まで行き、そこで空しい呼び出し音を聞いたものです。

「一番いい顔をしていますので見てやってください」と奥様に言われて、棺の野坂さんに対面しました。凜々しく、穏やかな表情で、何か言いたそうな口もとです。庭に出ると、かつてキック・ボクシングにはまっていた頃の、サンドバッグ、錆《さ》びた鉄アレイ、バーベルがそのまま置かれています。サンドバッグをサッカーのボレーキックのように蹴った時、野坂さんが黙ってこちらを手で制し、試技を披露してくれたことがありました。きれいに決まった回し蹴りに目を丸くした私を、満足げに眺めていた野坂さん。

どうぞ安らかにお眠りください。合掌。

二〇一五年十二月十七日

No. 566

安部公房と堤清二

二〇一三年十一月二十七日、調布市にある安部公房氏の家を訪ねました。亡くなったのが一九九三(平成五)年一月二十二日ですから、没後二十年のことです。

大学に入った一九七二年の五月から、「安部公房全作品」(新潮社)という瀟洒な一五巻のシリーズが刊行され出しました。それを毎月一冊ずつ買うのが楽しみでした。翌七三年三月には待望されていた新作『箱男』(同)が「純文学書下ろし特別作品」として上梓され、五月には戯曲『愛の眼鏡は色ガラス』(同)が発売されます。『愛の眼鏡は色ガラス』は、演劇集団「安部公房スタジオ」の旗揚げ記念公演作品であり、六月にオープンする渋谷・西武劇場(現パルコ劇場)のこけら落としを飾る上演作品でもありました。

それから早四十年以上が経ちました。

生前、仕事をするチャンスはなかったので、御宅に伺うのは初めてです。京王線・仙川駅から十分ほど、曲がりくねった道を歩いた先の二階家です。「武蔵野の高台の崖のはずれ」に建ち、丹沢山系の山々を遠望する、見晴らしのいい立地です。かつてソ連という国が健在だった頃、かの地で人気の高かった安部氏の家は、来日したソビエトの作家たちが必ず訪問する「定番コース」になっていました。案内役を務めることが多かったロシア文学者の原卓也さんは、それがきっかけで安部さんと親しくなりました。

どちらかの仕事が一区切りつくと、電話で連絡し合って酒を飲みに行ったり、調布にぼくが出かけたりする。こうして、彼が実にこまかく気を使ってくれる友人であることを発見するまでに、さほど時間はかからなかった。安部家で酔払ってそのまま泊りこんでしまった次の朝、二日酔いで浮かぬ顔をしているぼくを見ると、何も言わずに台所に立って、みずからレモンを絞ってきてくれたこともある。安部家のパーティがいつも楽しいのは、真知夫人の作ってくださる御馳走の魅力はもちろんのことながら、客の一人ひとりにたえず気を配る公房さんのホストぶりのおかげも多分にあるようだ

原卓也「安部公房さんのこと」、『新潮日本文学46』月報

こうして、作家、演劇人、学者ら、さまざまな人々がここに集い、談論風発の輪が広がりました。年末恒例のパーティには、五〇人ほどが所狭しとつめかけました。それにしても、酔いつぶれた原さんが寝ていたのはどの部屋だろう——ありし日のざわめきを思い描きながら、主のいない家の中を見てまわります。娘の安部ねりさんが、二〇一一年に刊行された本の中で、この家について語っています。

1958（昭和33）年に「第四間氷期」が執筆された頃には、安部公房の名は広く知れ渡るようになり、翌年3月に連載が完結し、4月には東京都の世田谷区と調布市の境目にある仙川の見晴らしのよい高台に家を構えた。……そこは出身の成城高校から3キロに位置し、大嫌いな富士山もちょこんと見ることが出来た。真知は公房のためにモダンデザインのカリスマ的デザイナー、ル・コルビュジェを手本に横の直線を基調とした、重力を感じさせないシンプルな美しい木造建築の家を設計した。しかし、美術家によく見られることだが、毎年増築をして、家は原形をとどめなくなってしまった。公房好みにしつらえてあったモダンデザインの家具も次第に民芸調のものになっていった。公房の言う「根源的なもの」はきっと「原始的」という意味

調布市にあった安部公房氏の家
写真提供：新潮社

だろうと真知は考えた。ありがちなことであるが、ついには真知好みの家になってしまった。

安部ねり『安部公房伝』新潮社

舞台装置を数多く手がけた安部真知さんらしく、採光や動線に劇的効果を狙った設計が施され、細部にもいろいろと工夫が凝らされました。ねりさんの思い出では、二階の安部さんの書斎からのびた廊下ぞいの書棚には、「SFマガジン」や「ミステリ・マガジン」「世界SF全集」「世界の名著」などが揃えられており、そこから小さな娘はスタニスワフ・レムの『ソラリスの陽のもとに』を取り出して愛読し、ダーウィンの『人類の起原』、ヘーゲルの『精神現象学序論』にも手を伸ばしたといいます。書棚の中身は没後にずいぶん入れ替わったそうですが、師である石川淳氏の著作がまとめて並べられ、交流のあった作家の署名本も収められていました。砂漠の生態の研究書は、おそらく『砂の女』（新潮社）執筆の際の資料だったかと思われます。

ついつい、感慨にふけりながら邸内を歩きましたが、今回の主目的は撮影です。間もなくこの邸宅は取り壊されることが決まっており、その佇まいをせめて写真にとどめておこうというわけです。

さて、その撮影を無事に完了した翌日の夕刊で、突然知らされたのが堤清二さんの訃報です。撮影中も何度かその名前を口にした堤さんと安部さんとの公私にわたる長い付き合いは、周知の通りです。「安部公房スタジオ」創設のパトロンは堤さんでしたし、西武劇場も安部さんの意向に応えた堤さんの英断でした。

堤　西武劇場の話が生まれたのは、何かの機会で安部さんに会った時からですね。

安部　そう。僕がそそのかした。でも、本当のところ、はじめは全然期待なんかしていなかったな。ただ、勝手に使える劇場がどうしても欲しかったんだ。

堤　瓢箪から駒みたいなところがある。

安部　一種のタイミングね。

堤　そう、タイミング。……

安部　安部スタジオだって、モヤモヤのうちにいつの間にやらできてしまっていた。

堤　安部公房スタジオができたので、西武劇場が割にスムーズに生れたということはありますね。

安部　うまくいった、という感じだけど、君の方としては……。

堤　言えないよ。困っちゃうね。経営学者なら、安部公房の芝居の動員力はこれくらいで、劇団四季ならどうで、といった計算をするんでしょうが、そんなことは全くなかった。

「芸術の社会的基盤」、「波」一九七五年十二月号、新潮社

いまでは珍しくもありませんが、演劇、美術など文化事業を融合させた商業施設の展開によって、都市環境をまるごと変革していくという試みは、当時斬新きわまりない冒険（というかギャンブル）でした。渋谷の街にパルコができる、そこに劇場が入る。そしてファッショナブルなショッピング・ゾーンが生まれ、渋谷駅のすり鉢の底から上っていく道が「公園通り」と命名される……。「すれちがう人が美しい——渋谷公園通り」というコピーや、アート感覚にあふれた刺激的な広告。ここでこれから何が始まるのか、誰もわからない。うまくいくのかどうかは、ましてやわからない。まるで街に魔法をかけるような、この挑戦自体が、芝居の幕開きのようでした。

「チケットぴあ」も「チケットセゾン」も影も形もない時代。大学生協の窓口で第一回公演のチケットを買って出かけたのは、そうした熱気と、安部公房という作家の勢いをともに感じていたかったからでした。

一大流通グループ総帥《そうすい》としての顔と、詩人・作家辻井喬としての顔。いや、それらを両面神《ヤヌス》のように一体化させていた堤清二という人物像については、どこからどういうふうに語ればいいのか、

途方に暮れるばかりです。とても私の手には負えません。

ただ、経営者としては非常に「怖れられる」存在だったにもかかわらず、私たち編集者の前ではまったく違った印象を与えていました。「夜、自宅に電話をいただくのが一番確実です」と言われて、ためらいながらも従うと、いつも穏やかに、丁寧にこちらの話に応じる静かな堤さんがそこにいました。昼間の烈《はげ》しいビジネス戦線を戦っていた余燼《よじん》を感じさせることは、まったくなかったと思います。それはセゾングループの経営が、晴れの日も雨の日も、基本的には変わりませんでした。

その堤さんに、一度だけ、怒りをぶつけられたことがあります。詳細はぼかして書くしかないのですが、ある文学賞の授賞式での出来事です。私は会の進行役を務めていました。堤さんが、少し遅れて会場に入ってくるのが見えました。およそ二〇〇人くらいの中規模のパーティです。その年の受賞者の披露があり、続いて選考委員による選考経過の説明と講評、そして受賞者のスピーチがありました。最後に主催者の御礼の言葉で贈賞式が終了し、祝宴に移ります。

役目を終えて、司会席を離れた私の姿を認めて、堤さんが寄ってこられました。「いまのスピーチをどうお聞きになりましたか？」。とても丁寧な物言いでした。ただ、いつも聞く口調とは明らかに異なる、意識した丁重さに気づきました。それに続く言葉を、とっさに覚悟したのです。

それというのも、受賞者のスピーチは〝規格外〟の内容でした。仲間内の宴会のようなノリと、あけすけで露悪的なスピーチでした。場にそぐわない違和感がありました。さらにまずかったのは、最後に立った主催者の挨拶です。背筋が凍りつきました。お世辞にも、身びいきでも、褒められたものではありませんでした。受賞者スピーチを受けながら、「ウケを狙った」のが、災いしました。

堤さんの言葉は、予想を超えて、きわめて厳しいものでした。「ちょっとどうかと思います」といった程度ではなく、それがいかに「ひどいスピーチであるか」「許しがたいスピーチであるか」を強い調子で訴えました。反論の余地はなく、黙って聞くしかありませんでした。

詳細は省きますが、その時、胸を衝《つ》かれたのは、堤清二という人が文学に対して寄せる愚直なまでの信念でした。文学に手を染めた者の覚悟、その伝統を作り上げてきた諸先輩への敬意が、ひしひしと伝わってきました。あらゆる人間的行為の基底をなすのは文学ではないか。それを軽んじる者、侮る者、汚す者を許すわけにはいかない、という容赦ない怒りがほとばしっていました。

初めて見る氏の姿に立ちすくむ他ありませんでした。堤さんはそれをきっぱりと、手短に述べると、「きょうはこれで失礼します。こういう傾向を容認してはいけない。あなたにそれをお伝えできただけでもよかった」。こう言って、足早に会場を後にしたのです。

ふだんの口癖は「自分はまだ駆け出しの作家なので、何でも気づいたことは言ってください」でした。文学論を安易に口にすることはありませんでした。ユーモアにくるむか、照れながら「私は新人ですから」を繰り返すばかりです。文学の奥深さを知る人の含羞《がんしゅう》になじんでいただけに、あの日の堤さんの怒りには目を覚まされました。文学に寄せる思いの強さとともに、堤さんの魂そのものの底なし沼の暗闇に、言いようのない畏れを感じたのでした。

二〇一三年十二月五日

第5章

先達の「生」を生きる

No. 599

生涯一教師

植村鞆音『**歴史の教師　植村清二**』（中央公論新社）

植村清二《せいじ》という東洋史の学者が、直木賞にその名をとどめる直木三十五《さんじゅうご》（本名・植村宗一）の十歳違いの実弟だとは、かなり後になってから知りました。むしろ植村清二という名物教授がいて、その授業の名調子たるや……という思い出話を旧制新潟高校のOBたちからしばしば聞かされたのが先でした。

植村の『歴史と文芸の間』（中央公論社）が刊行され、ほどなくして恩師の喜寿を祝う会が、新潟高校同窓会主催で開かれます（一九八〇年二月四日）。かつての教え子約一七〇名が参加し、そこには「エムさん四十でおれ二十《はたち》」と、持ち歌「黒の舟歌」の替え歌を披露した野坂昭如《あきゆき》氏や、綱淵謙錠《つなぶちけんじょう》、利根川裕《とねがわゆたか》、丸谷才一《まるやさいいち》といった作家の姿がありました。ちょうどその頃、編集者になりたてだった私は、彼らから順々にその会の様子などを教えられます。

そんなわけで、令息の手になるこの本も刊行されると同時に読みました。亡き父への敬愛の思いが全篇にあふれ、明治男児の質実な生き方が、公私両面から見事にとらえられた伝記です。

一九〇一（明治三十四）年、大阪生まれ。古着屋を営む父が五十二歳、母が四十歳の時の子です。幼い頃から無類の本好きで、中学時代に「最優の褒状」をもらった「夏季日誌」には、すでに膨大な読書量が披瀝《ひれき》され、縦横無尽の博識ぶりが横溢しています。十五歳の少年が、日記の執筆方針を次のように記しています。

本来の意義から察すれば、日誌は起居住である。その一日に起つた事さへ正確に記せば事は足るのである。然し文章の練磨、思想の洗練、種々な点から、わが夏季日誌は然く単純である訳には行かぬ。暦日も加はらう。史実も混じやう。（ママ）時事も説くに足る。季節も記するに足る。更に詩歌をその間に挿み、金言をその内に交へるに及んで、趣味は更に深く且広くなるのである。恐くは校長先生の意向も左様であらう

「日誌」の見開きには、「生くる為に学び、学ぶ為に生きよ」というドイツ語の格言が掲げられ、この後まさに生涯を、植村はこの姿勢で生き抜きました。八十五歳までの六十一年間、一教師とし

て教壇に立ち続け、「知ることの喜び、教えることの喜び」を満喫したのです。

父は、およそ教師らしくない教師であった。謹厳というわけでもない。生真面目とも違う。しかし、振りかえってみると、教わったことは少なくない。見方を変えれば、彼こそ教師中の教師だったといえるのかもしれない。
「あとがき」

終戦二年目の年に、植村は愛妻を病気で失います。亡妻は京都の素封家《そほうか》の令嬢で、「週刊朝日」の表紙を飾った彼女に、植村がひとめ惚れしたという説もあるくらいです。十一歳年下の「小柄でエキゾティックな容姿の美人」で、よき妻、よき母でした。戦後の混乱期に、子ども三人を抱えた男やもめの暮らしはさぞかし難儀だったろうと思います。また著者が早稲田大学に進学した頃からは、一家にいろいろ重大事が相次ぎます。

新潟大学教授となった父親が、息子宛てに毎月仕送りした現金書留には、短い手紙が同封されていました。多くは、「新潟の気候、妹や祖母との生活の報告に始まり、身体を大切にするように、お金が必要ならいってこい、幸運を祈るという言葉で終っていた」とあります。必要以上のことはほとんど話し合わない親子だったといいますが、父親らしい温かな情愛がにじみます。その手紙は、「半世紀経ったいまなお捨てられずにとってある」というのです。

驚いたのは、二人の孫がおじいちゃんの思い出を綴った文章です。一九八七（昭和六十二）年、植村が八十六歳で亡くなった二年後、『追想　植村清二』（草風館）が刊行されます。その時十七歳だった著者の長男は、仏教には輪廻《りんね》という考え方があるが、ひょっとすると祖父は将来ぼくの孫に生まれ変わってくるかもしれない、というので、もしも「祖父がぼくの孫としてうまれてきたときに注意してやること十カ条」を列挙します。

第一条　偏食をしないこと。
（祖父は生野菜を絶対に食べませんでした）

第二条　大食しないこと。
（死ぬ寸前まで家中でいちばんの大食漢）

第三条　ステッキをふりあげて他人を威嚇しないこと。
（道路などでも、祖父は、乱暴なひとや無礼なひとをみかけると、ステッキをふりあげてにらみつけました）

第四条　くしゃみはすこしは遠慮して。

（祖父のくしゃみは三軒隣りにまで聞こえたそうです）

第五条　腹ばいで本を読まないこと。

（こどものころ腹這いで本を読んだため近視になったといっていました）

第六条　濡れたタオルを使わないこと。

（一日じゅう濡れたタオルを使うので部屋じゅうが臭かった。

ぼくらは、それをおてんてんの匂いといって恐れました）

第七条　煙草の火をこぼさないこと。

（座っているまわりじゅうに煙草の火をこぼして焼けこげをつくりました）

第八条　家でもパンツをはくこと。

（寝間着のしたははだかでしたし、夏はすっぱだかで、前を濡れタオルで隠していました）

第九条　ひとをだまさないこと。

（ぼくが小学生のころ自分は体操の先生だといっていました）

第十条　妙な友だちをつくらないこと。

（ときどき、玄関先で、大声でむかしの歌を歌う詩人がきて、

祖父も一緒になって歌ったし、ぼくも歌わされそうになりました）

ひとのふり見てわがふり直せ！

教え子のひとり、丸谷才一さんは「この奇想天外な趣向の、そしてユーモアと愛情に富む追悼を繰返し読み、泪ぐんだ」と述べています（「娯楽としての戦争」、『人形のＢＷＨ』所収、文春文庫）。著者によれば「そろって成績の悪い息子たち」だったとありますが、おじいちゃんのことは「もっとも敬愛してやまなかった」と。

> 二人の通信簿は１と２のオンパレードだったが、父はそれを上のランクだと思っていたらしい。ただ、二人は父親である私より祖父を確実に尊敬していた。いまだに、「おじいちゃんと一緒に暮せてよかった」といっている。

師弟の関係も、いまでは信じられないような細やかな愛情を感じさせます。喜寿のお祝いパーティで答礼に立った老師は、教え子たちに語りかけます。

> 「私が新潟に赴任したころ、生徒諸君は勤労動員ばかりで、学生というより工員といったほう

がよいような生活を送っていた。当時、教師として諸君になにもしてやれなかったことを、三十年経ったいまお詫びします」

とんでもない、と並みいる卒業生たちは思ったことでしょう。戦時色一色に塗りつぶされた時代の中で、「先生は、常に冷静に的確に世界を判断して、誤ることがなかつた。われわれはあのとき、史眼とは何かといふ実物教育を受けてゐたのである」（植村清二『万里の長城』「解説」、中公文庫）と丸谷さんは記しています。

現に、一九四五（昭和二十）年四月の新学期の冒頭講義では、「諸君、われわれは戦後について考えるべき時期にいたった」と述べ、戦後はアメリカとソビエトを中心とする諸国間の対立、また植民地の解放と独立が始まることを予見しています。日本の今後についてはいっさい触れず、敗戦をこのような形で示唆したのです。

日本の軍国主義に反対の立場をとり、戦前は危険思想の持ち主と見なされていたにもかかわらず、戦後はマルキシズムの風潮に抵抗し、誰も見向きもしなくなったテーマの『神武天皇』『楠木正成』（ともに中公文庫）といった著作を次々ものします。戦前は進歩主義者のごとく、戦後は右翼反動のごとく見られたかもしれませんが、「戦前も戦後もとくに変わったわけではない。父は、単純に歴史家の立場で自分の信ずることを正直に表現しただけだったのだと思う」と著者は語ります。

こういう天邪鬼《あまのじゃく》な反骨心、脱俗の趣《おもむき》、独特の風貌《ふうぼう》、分厚い眼鏡の底からギョロッと生徒をにらみつけるような迫力、そして何より豊かな学殖、高い識見、人間的な包容力――等々を総じて、いうところの「名物教授」だったのだろうと想像されます。

旧制高校とは「人間と人間が出会い、楽しみ、悩み、そして思考する場」であり、教師と生徒が「愛について、生について、死について、人間について、語り合い探究する場」であったといわれます。つまり、大学で専門課程に進む前の段階で、リベラルアーツを徹底して学び、煩悶《はんもん》するもよし、大いに人格形成のための〝疾風怒濤《しっぷうどとう》〟の時期を経験することが期待されていたのです。

少し長くなりますが、植村清二を語った丸谷才一さんの名物教授論を引用します。

旧制高等学校の風俗としては、敝衣《へいい》破帽とか、朴歯の足駄とか、寮歌とか、ストームとか、その手のものばかり取上げられるが、名物教授といふ存在があつたことを忘れてはならない。むしろわたしとしては、あれこそは旧制高校的風俗を最もよく代表するものだつたやうな気がする。……

名物教授とは、学問がよく出来て、一風変つた脱俗の趣のある、そして人格的魅力に富む先生

のことである。この型の人は、学生をむやみに叱るくせに人気があつたし、教員のなかではもちろん一目も二目も置かれてゐた。……

その旧制高校的な精神とは、知性による世界の認識を高く評価することであつた。さういふ認識の能力に憧れ、それを身につけようといふのが、あの特権的な学校教育の根本にあるものだつたらう。……さういふ生き方は、現象面としてはいはゆる教養主義なるものに見えたかもしれない。

しかし知性が働くためには何よりもまづ広い範囲にわたる高度な教養が必要である。旧制高校は、和漢洋の学識を備へた知識人をその理想としてかかげてゐたし、和漢洋といふ三つの領域の統合は、戦前の日本の文明では具体的に生きてゐる価値であつた。そしてかういふ型の知性のヒーローこそ、いはゆる名物教授にほかならない

『万里の長城』「解説」

学生たちを強く惹きつけ、いつまでも慕われ続けた名物教授が、まさに植村清二その人でした。こうした存在に、いくばくかの、いや途方もない羨望をいまなお感じるのはなぜなのでしょう。

死後、遺品を整理して、その簡素で清々しいことに感銘を覚えた。別荘も株も、ゴルフの会員権も宝飾品もない。残されたのは、小さな一軒の家、書籍とわずかばかりの軸物。子どもや孫たちがアニバーサリーに贈ったプレゼントやカードなどは、簞笥や箱にそのままのかたちで大切に蔵ってあるのだった。

書斎を「蠹残《とざん》書屋」と呼び、特注の原稿用紙にも「蠹残」の文字を入れ、戒名にもこの二文字を使ってほしいと願ったとか。「紙魚《しみ》の食い残しの本」といった意味。新潟時代、書斎の床の間に架けていたお気に入りの七言絶句の詩句を、「台所は貧しく、おさげ髪の下女がひとりいるだけ。郊外にある畑は二頃にみたない。ただ紙魚の食い残しの本だけはたくさんあって、朝も夜もぶらぶらしながら、名残りの日々を楽しんでいる」と説明された記憶が、著者にはあるそうです。

本好きの少年が、教師という職を得て、そのまま一生を終えました。六十一年間の最終講義の後で、「ありがたい。生涯好きなことがやれた。後悔するものはなにもないな」と身内に呟いたそうです。見事な一教師であったというほかありません。

二〇一四年八月七日

No. 402

母の言葉を語るということ

船曳由美『一〇〇年前の女の子』（講談社）

明治四十二（一九〇九）年、群馬県館林《たてばやし》、栃木県足利というふたつの町の間にある栃木県足利郡筑波村大字高松という小さな村に生まれたひとりの女性の物語です。彼女の名前は寺崎テイ。すでに一世紀を生きてきたこの女性は、いま東京都世田谷区の老人ホームで手厚い介護を受けながら暮らしています。米寿を過ぎたころから、それまで「重い石で心の奥に封印しているかのように」黙して語らなかった故郷の高松村や自らの生い立ちを、ことあるごとに語り始めました。この思い出話を娘である著者が聞き取り、それらの記憶の断片を丹念に紡ぎ上げたのが本書です。

ココ・シャネルやマリ・キュリーのような偉人の評伝ではありません。書名を見ただけで誰もが争って手に取る本とは言えないでしょう。私もある理由がなければ、目を通してみようという気になったかどうか、自信はありません。けれども、非常に面白い本でした。何より健気《けなげ》に、ひたむきに生きてきた女性の「母恋い」一代記として感動的でした。

上州名物はカミナリ、カラッ風、カカア天下。そのカミナリさまが落ちた日に、テイは誕生します。ところが、自分の里方に帰ってテイを産んだ実母は、結局そのまま婚家に戻ることはありませんでした。赤ん坊だけが、「わずかの産着とおむつの包みを付けて、生後一ヵ月で寺崎の家へ送り届けられ」てきたのです。テイは以後、二度と「おっ母さん」に会うことはありません。寺崎の家のヤスおばあさんにおぶわれながら、もらい乳をして生きのび、やがて「二歳にもならないころからあちらこちらに預けられ、こちらに里子に出され」、五歳の時、貧農の家へ養女にやられます。そこで朝早くから牛馬のように働かされ、辛く孤独な少女期を過ごします。しかし小学校に上がる直前に、再び寺崎の家に戻り、大正五年の春、村から一里離れた尋常小学校まで通うことになります。学校はテイにとって避難所であり、解放区のようなものでした。

校庭を見ると、窓近くにヤッちゃんが立っている。ヤッちゃんは、少し年上の顔見知りの女の子であった。小学二年でもう学校を下がり、羽刈の村の菓子屋に年季奉公に出されていた。小

学校に二年間行ったといっても、ほとんど休ませられていて、字を覚えるヒマもなかったろう。ヤッちゃんは赤ん坊を背負って、ねんねこばんてんを着て、子守のように、髪を手ぬぐいで包んでいた。そして赤ん坊を起こさないように、先生の朗読をジッと聞いているのであった。わたなべせんせいは、文字を書くときも、黒板の窓寄りの端に大きく書かれた。ヤッちゃんは、背のびをして黒板を見てから、棒切れで、地面にその字を書いていた。……テイは養女に行っていたときのことを思った。あのままだったら、たぶん、同じように、こういう子守に出されていたのではないか……。

寺崎の家には、働き者の継母が嫁いできていて、家はテイの妹が継ぐ、という取り決めが成立しています。継母は妹たちにテイのことを「お姉ちゃん」ではなく、テイちゃんと呼ばせることを主張して譲りませんでした。テイは、心のどこかに「いつかまた養女に出されるのではないか」という恐れを抱きながら、勉強に精を出し、家の仕事を一生懸命に手伝い、実母を知らない淋しさ、哀しさに耐えながら成長していきます。やがて足利高等女学校に進み、十六歳で東京に出て、独りで生きようとするテイの逞《たくま》しさ、その過程で彼女を守り続けるヤスおばあさんの物語には興味が尽きません。

この作品をユニークにしているのは、単にこれが『次郎物語』（下村湖人）の少女版ではなく、当時の時代背景、村びとの暮らしぶりや野良《のら》仕事の様子、四季折々の行事、寺崎家を行きかいする印象的な人々の姿などが、少女の目を通してしっかり描き出されているからです。暦を追えば、八十八夜の茶摘み、井戸替え、田植えと草取り、おカイコさま、お盆様、お月見と秋のお彼岸、稲の穫り入れ、すす払い、もちつき、大晦日《おおみそか》、お正月、ぼんぼ焼き、嫁の里帰り、節分、お花見……と続き、村には越中富山の薬売り、小間物屋、盲目の「ごぜさん」たちや物乞いの親子もやってきます。

テイに刻印されたそれらの原風景が、驚くほどに鮮やかです。上州に吹く空っ風のうなり、虫の鳴き声、草花のたたずまい、ヤスおばあさんのひと言ひと言。どれもが生き生きとしています。さらに著者は、地誌にもあたり、郷土史家を訪ね、民俗史を調べ、母親の「記憶」の客観的な補強や検証を怠《おこた》りません。その結果、記憶はより具体的に、より象徴的な形をとって表れています。

村のお盆では、お盆様といってご先祖様をお迎えする儀式が粛々と行われていました。きれいに墓掃除をして、立派な盆棚を作り、ふだんは仏壇の中に納めている歴代のご先祖様のお位牌を、そこにきれいにふいて並べます。そして、いよいよ盆の入りです。

テイを先頭に子どもたちが提灯をさげて、大人といっしょにお墓まで迎えにいく。……お墓の前で線香を上げる。そしてくるりと背を向けてしゃがむ。すると、お盆様が墓石の中からソロソロと出てきて、めいめいの背中に乗られるのだ。大人も子どもも両手を後ろに回し、お盆様を背負う恰好をする。……

家の前ではイワおっ母さんが迎え火をたいて待っている。

そのあと、みんなで盆棚の前に行き、坐って拝む。おばあさんが背中に、小さく声をかけた。

――下《お》りらっしゃい
お盆様はめいめいの背中からするすると下りて、こんどは盆棚に上がられるのである。


暮らしはつましくとも、こういう豊かな時空間に生きる人たちが、ついこの間まで日本のあちこちにはいたのでしょう。そういう「在《あ》りし日」の感触、そしておそらくは地霊とともに村の中に充満していたであろう土と人のエネルギーが、身体感覚として伝わってきます。それが、この本のもうひとつの魅力です。

―馬ほど利口でかわいい動物はいないという。昔は高松でもよく馬を飼っていた。しかし、日―

清、日露と戦争がはじまるたびに、どの家も馬を召し上げられた。前の日から馬が好きなものを、それこそ餅までついていっぱい食べさせて、ひき手の男たちと馬が中仙道を一列になって歩いていく。別れてから村へ帰る道で、男たちは全員、顔中グシャグシャにして泣いた。男が男泣きに泣くのは、こういうふうに馬と別れたときだな、と誰もがいったという。

何日かたってから村の男衆が聞いてきた。

——あの馬は将校さんが乗るんでねえゾ、雪のシベリヤに送られて、軍の荷物曳きだとヨー

——そりやァ、そうだ、百姓の野馬なんか、そんなもんだ……

村中、ガッカリして、それから馬を飼う家がめっきり減ってしまったのだそうだ。

村の生活になじみ深い動物たちとの思い出、利根川べりの掘っ立て小屋で川音を聞きながら眠る「水場のコウさん」、毎冬「火の用心」の夜回りで得た金を、遊郭で一気に蕩尽《とうじん》してしまう「照やん」。テイの非凡な感性がとらえる愉快な思い出も数々あります。

この文章の初めに、ある理由があってこの本を読んだ、と書きました。実は、著者である船曳さんを編集者の先輩としてよく存じ上げているからです。平凡社の伝説的な雑誌「太陽」に創刊時か

ら関わり、その後はダンテ『神曲』、プルースト『失われた時を求めて』、ジョイス『ユリシーズ』『若い藝術家の肖像』『完訳ファーブル昆虫記』（いずれも集英社）の新訳出版を手がけてきたベテラン編集者です。自著の本づくりにおいても、表紙絵から各章のタイトルに至るまで、全体がとても丁寧に作られています。加えて、編集者＝著者の意地を感じた点もいくつかありました。

① 使われている写真が一点だけです。あえて文章の力で勝負しようとしています（こういう勝気さは母親譲りかもしれません）。「太陽」というビジュアル雑誌を手がけてきた人であるにもかかわらず（あるいは、そうであるからこそ）、写真では伝えきれない「背後の世界」を描きたいという意欲の現れだと理解しました。一点使われた写真は、巻末に置かれた十七歳の寺崎テイの肖像写真です。一巻を締めくくる上で効果的です。

② 「一〇〇年前の女の子」の題字の「一〇〇」だけが描《か》き文字になっています。一九〇九年から二〇一〇年までの歳月の重さを表そうとすれば、肉筆にするしかなかったのでしょう。この作品への思いの深さが感じられました。

③ 字の大きさです。「はじめに」と「あとがき」以外の本文は大き目の活字が選ばれています。ゆったりとした村の暮らし、四季のうつろい、そして少女の語り口を表現するには、「これでなけ

ればならない」という思いがあったのでしょう。

老いて、弱っていく親をかたわらにおいた時、「人生で、この人は何を感じ、何を学び、どのような思いで生きてきたのだろうか」「いま、その魂は何を見、何を聞き、どこへ向かおうとしているのだろうか」とは、ふと誰もが思うことでしょう。しかし、それを形にするということ、つまり「口寄せ」となって、彼らの言葉を、彼らになりかわって語るというのは、決してたやすいことではありません。現実は往々にして、機会を失いがちなのです。

二〇一〇年八月五日

＊主人公である寺崎テイさんは、本書が完成した四カ月後に、静かに逝去されました。

No. 412

石榴とレンコン

岡崎満義『**人と出会う**』(岩波書店)

「マスコミで仕事をしていれば、いろんな人に会うはずだから、取材余話のようなものを連載したらどうか」と高校時代の恩師に勧められ、出版社に入ってまだ四年目の若手編集者が、師の主宰する短歌結社の月刊誌に短い「人間印象記」を書き始めました。昭和三十九年のことですから、かなり時代はさかのぼります。以後六年間、「仕事が忙しくなって、余裕がなくな」るまで、七十一回の連載が書き継がれます。そのかつての原稿に手を加え、また新たな文章を書き足してでき上がったのが、この本です。

著者は元文藝春秋の編集者。一九八〇年に創刊されたスポーツ雑誌「ナンバー」の初代編集長を務めた後、月刊「文藝春秋」編集長等を歴任し、九九年に退職した出版界の先輩です。

読み始めてすぐに気づいたのは、これらの一篇一篇がきわめて上質な人物素描だということです。派手な「とっておきの裏話」が披露されるわけでもなく、著名人ばかりが取り上げられているわけでもありません。編集者の「文壇回顧」などに時として見られる、仕事上の「赫々《かっかく》たる戦果」を強調するといった要素もあらかじめ注意深く排除されています。

なにしろ「取れなかった原稿」というのが最初の章のタイトルです。丸山眞男、川端康成、林達夫、古在由重《こざいよししげ》、石垣りん、清水幾太郎、大島浩（陸軍軍人・日独伊三国同盟当時の駐独大使）という七人に原稿を依頼しながら、結局、書いてもらえなかったという「失敗談」を集めたものです。皮肉なことに、そのいずれもが面白い話です。具体的な面談の場面（とくに細部）にリアリティがあるのと、抑制の効いた描写ながら人物デッサンの筆触が鮮やかなので、相手の人間像が生き生きと立ち上がってきます。人と人とがまっとうに向き合っている、その様子が爽やかです。

「人と出会う」というタイトルにしたのだが、これは人間論とか人物論ではない。ひと筆書きの印象記である。取材で会った人の忘れがたい印象を、掌にすくいあげただけのものであるから、その人のまるごとの全体像などとはかかわりないものである。素描以前、印象のほんのひとしずく、である。私にとっては大事な印象であるが、読者にはさて、どんな価値があるだろうか、と少々心配だ。

著者は「あとがき」でそう語っていますが、第Ⅱ章以降で取り上げられる三一人のいずれの人物についても、それがなぜ「かけがえのない」印象としてあるのかという思いが素直に伝わってきます。簡単なことのようであって、実は難しい作業です。

著者は編集者として接した多くの人の中で、座談の名手を三人あげるとすれば、小林秀雄、宮本常一《つねいち》、司馬遼太郎だろうと述べています。「三人に共通するのは、話の中身が石榴《ざくろ》の実のようにぎっしり詰まっているのはもちろんだが、その語り口、声に、何ともいえないあたたかさと、ときに凛とした鋭いものがあることだ。面白いエピソードの中に、鋭い人間通の眼がピカリと光っている」という指摘です。「石榴の実」というたとえがユニークだと思います。

ひるがえって、著者自身についてはどう語っているかといえば、「中学時代、国語の時間に、クラスの女子生徒が『春の海ひねもすのたりのたりかな』の意味は、ひねもすという動物が春の海をのたりのたりと泳いでいる情景をうたったものだ、と言ったことがある」として、自分はその「波間に浮かぶ怪獣ひねもす」ではないかと自嘲気味に表現しています。さらに「私はいつの頃からか、私の『自我』はレンコンのようなものだ、と思うようになった」とも。

> レンコンの本質は、肉質部に何本か管が貫通していることである。管がなければゴボウか大根である。では、本質を求めて肉質部分を削っていけばどうなるか。本質部分に届いたと思った瞬間、管はパッと消えてしまう。その管の中を、断片的な「印象」が吹き抜けているのが、私の自我だと思える。確固とした石榴的自我ではない。レンコン的な自我が私だ、という気がするのだ。管の中を通り抜ける他の人たちの無数の「印象」こそが、私の本質的な部分を構成しているのだ、と思う。何度もそれらの「印象」を反芻しながら、私になっていく。自我ができ上がっていく、というふうに思うのである。
>
> 「あとがき」

哲学的なことをユーモラスに表現していますが、このように「私」に執着することからできるだけ自由であろうとする書き手だからこそ、他の人たちのかけがえのない「印象」が生き生きとした姿や情景となって再現されているのだと思います。編集者という仕事は、ある意味で非人称の、匿名への情熱に支えられています。岡崎さんの印象記は、まさにそうした「レンコン的な自我」によって貫かれています。それだから面白いし、それゆえにまた、逆説的ながら「書く」ことを通して「私」なるものの未知の像が探求され、発見されていく――つまり「私になっていく」「自我ができ上がっていく」ことにつながるのだと思います。

そんなことを考えたのも、つい先だってある本の中で、似たような趣旨の文章に出くわしたばかりだったからです。自分探しなんてするな、そんなヒマがあったら自分が出会った他者やモノに徹底してこだわれ、という挑発的な呼びかけに始まる、上野俊哉氏の『思想家の自伝を読む』（平凡社新書）という書物です。

自分を探したかったら、徹底的に他者の言葉に身をさらし、ときに他人のテクストに沈みこんでみよう。自己の内面への旅をしたかったら、むしろ外国（日本語環境の外）へ出て、いろんな他人に出会い、異なる文化に身をさらし、ボロボロにされてしまおう。自分を知りたかったら、自分のことを考えるのではなく、自分なんて言葉が吹っ飛んでしまうような瞬間、自分のことがどうでもよくなる瞬間を、楽しみや仕事のなかに探してみよう。自分なんてものがどうでもいいちっぽけなものと思えるまで本を読み、知らない土地を歩くのもいい。

上野・前掲書

「他者の生を生きる」という意味では、編集者という仕事はいろいろな人に会い、強い印象を受ける機会をふんだんに与えられます。しかし、職業的惰性に身をまかせればその貴重な機会をみすみす取り逃がしてしまいます。仮に「出会い」があったとしても、あらかたは忙しさにかまけて、いつしか記憶があやふやになったり、楽しい酒席のざわめきの中にかき消されていくものです。私自身がそうなのですが、なんでもっと大切にメモを取っておかなかったのだろう、という後悔ばかりが残っています。その意味では若い時に七一回、「人間印象記」を書き続けたことのありがたさを、いましみじみと著者は感じていると思います。

それにしても、ついこの間までの編集者はこうだったなあ、という記述が目につきました。これはと思った筆者に、原稿依頼の手紙をまず書く。返事がなければ二通目を書く。やがて筆者のもとへ通うようになる。短い原稿依頼であっても、何度も足を運ぶ。空振りは覚悟の上。最初の挨拶に始まり、冷や汗をかいたりしながら、会う回数を重ねていく。そのうちにいつの間にか気持ちが通うようになり、仕事の機会が生まれていく……。こういう時間をかけた、余裕のある仕事の進め方が、次第に難しくなってきました。すっかりなくなったわけではありませんが、「懐かしい」と思えるくらいに現状は変わってしまいました。

編集者の財産は人との出会いだとよく言われますが、最後に登場する人たちの話は格別の感動を誘います。京都大学時代のゼミの先生である哲学者の田中美知太郎さん、「大きい耳と強い脚」をもった民俗学者の宮本常一さん、そして入社当時の文藝春秋社長であった佐佐木茂索《もさく》さんの三人です。そしてこの三人が著者の結婚に際してそれぞれに祝辞を贈っています。三者三様の個性が感じられると同時に、どこか共通するあたたかみや滋味《じみ》があります。

佐佐木社長からは、「男はいつ何があるかわからない。何かのはずみで会社をクビになるかもしれない。反対に、会社の方針や上司の意見とどうしても合わなくて、自分から辞めていく場合もあるだろう。そんなとき、年収分の貯金があれば、余裕をもって新しい道を探すことができる。自分を安売りしないですむ。二人で協力して、できるだけ早く、年収分を貯金することだ」と生活アドバイスを受けます。

日ごろは「容赦ないきびしい言葉で発破をかけ」る怖い人だったが、「それでも佐佐木さんの何事についても飛び出してくる辛口の言葉には、どこか苦労人の塩味のようなものがあって、働けば働くほど、汗をかけばかくほど、その塩味がほしくなるような気がした」と懐かしさが吐露されます。

たくさん人に会う編集者という仕事につけたのは、ありがたいことであった。我を忘れて人に会い、いい話を聞けた幸福を、今つくづく実感している。自分探しをするくらいなら、よき他人を探して会い、話を聞くことの方が大事だ、とずっと思ってきた。

「あとがき」

「かくありたい」と私も願います。〝過去を振り返る〟年齢に次第に近づいてはいますが、まだまだ「よき他人」を探しに出かけ、会って話を聞きたいと思うのです。

二〇一〇年十月十四日

No. 440

見るたびに大きくなる「塔」

二〇一一年は岡本太郎生誕百年ということもあって、企画展やいろいろな出版物が目白押しの賑わいです。日曜日の午後、東京国立近代美術館で開催中の「岡本太郎展」に出かけてきました。予想もし、ある程度覚悟もしていたのですが、それをはるかに上回る人出でした。「切符を買うまで十分待ち」「入場するまで二十分待ち」というプラカードを持った係員が立つほどで、いまさらながら岡本太郎ブームの根強さに驚きました。若い人たちの多いことにも目を引かれました。

展覧会そのものは、岡本太郎の歩みを時系列的に追った構成になっていて、会場を一巡するにしたがって、その時代、時代に太郎が何と「対決」しながら芸術的な足跡を刻んでいったのかがわかりやすく紹介されています。「ピカソとの対決（パリ時代）」、「『きれい』な芸術との対決（対極主義）」、「『わび・さび』との対決（日本再発見）」、「『人類の進歩と調和』との対決（大阪万博）」、「戦争との対決（明日の神話）」、「消費社会との対決（パブリックアート、デザイン、マスメディア）」、「岡本太郎との対決」の七つの章に区切られ、従来だと展示の対象にはなり得ないはずの、「芸術は爆発だ！」で話題を呼んだ一九八一年のテレビＣＭや、タモリの番組に出演した際の映像までが流されていました。今回の企画に対する美術館側の明確なスタンスが表れていて、興味深く思えました。

ただ、生誕百年というよりも、没後十五年と言われたほうが個人的にはピンときます。一九九六年一月七日、彼が亡くなった時は、死去に反応する人が意外に少ないという印象を受けました。一九七〇年の大阪万博で「太陽の塔」を作った人、という過去形の扱いで、ほとんどの著作も絶版品切れの状態でした。

さまざまな雑誌が彼の誕生日（二月二十六日）に合わせて特集を組み、『岡本太郎の宇宙』全五巻（ちくま学芸文庫）の刊行が二月から始まるなど、いまの盛況ぶりを見ると隔世の感があります。

彼の生き方や存在そのものが、この閉塞感のある時代に希望や勇気の源泉として多くの人たちを引きつけていることは間違いありませんが、ここへ至るまでの最大の功労者は、なんと言っても、個人秘書をながく務め、後に養女となった岡本敏子さんを措《お》いて他にはありません。生前から太郎の分身であり、芸術家人生の〝戦友〟でもあった彼女が、太郎没後に見せた岡本太郎再評価へ向けた献身は並はずれたものでした。著作の復刊、再編集を精力的にこなす一方で、自らも積極的に情報発信しました。そして一九九八年には青山のアトリエを整備した岡本太郎記念館を開き、また翌年には岡本作品の大部分を寄贈し準備を進めてきた川崎市に、岡本太郎美術館の開館を実現します。敏子さんは二〇〇五年に亡くなりますが、そうした彼女の努力の甲斐あって、太郎の仕事はさまざまな視点から跡づけされ、再評価の気運が急速に高まったのです。

その意味で私にとって幸運だったのは、気鋭の美術評論家である椹木野衣《さわらぎのい》さんに、「黒い太陽と赤いカニ　岡本太郎の日本」という連載をお願いできたことでした（「中央公論」二〇〇二年一月号―二〇〇三年一月号。後に中央公論新社より単行本）。入社して間もない若い編集部員の提案でした。

話題を呼んだ「芸術は爆発だ！」のCM以降、岡本太郎は「かわったおじさん」「ぶっ飛んだ芸術家」として、バラエティ番組などですっかりフリーク的存在として異彩を放ちます。それをまったく笑えないで見ていた私は、たまにパーティなどで出会う岡本太郎が、周囲から際立って浮いている（それを少しも本人は意に介していないふうである）ことに違和感を覚え続けていました。意図的なのか、そのようにしか振る舞えないのか、謎がずっと未解決のままでした。

椹木さんの論考は、岡本太郎という存在への新たなパースペクティブを与えてくれるものでした。一九三〇年代のパリで太郎が出会ったピカソの作品、シュルレアリスムの洗礼、それにもまして芸術上の強烈な影響を受けたジョルジュ・バタイユとの交流、あるいはパリ大学でマルセル・モースに民族学を学び、それが後の日本文化再発見の起点となって縄文土器や沖縄文化との出会いが生まれたこと。さらにそれらの体験が基盤となり、芸術と民族学というふたつのエネルギーがぶつかりあい、炸裂した頂点のひとつとして、大阪万博における「太陽の塔」が生まれた、という物語は、ドラマチックでスリリングな知的興奮を与えてくれました。

そもそも万博のテーマプロデューサーに就任する時から、「人類の進歩と調和」という万博のテーマに自分は反対だ、と公言して憚《はばか》らなかったのが岡本太郎です。「人類は進歩なんかしていない」「縄文土器の凄さを見ろ。ラスコーの壁画だって、ツタンカーメンだって、いまの人間にあんなもの作れるか」「〝調和〟と言うが、みんなが少しずつ自分を殺して、頭を下げあって……それで馴れあってる調和なんて卑しい」「ガンガンとフェアーに相手とぶつかりあって、闘って、そこに生まれるのが本当の調和なんだ。まず闘わなければ調和は生まれない」と主張していたのが太郎です。当時は万博に反対する「反博」の動きも一種の流行でしたが、「反博？　なに言ってんだい」と鼻で笑い、一番の「反博」はベラボーな塔を作る自分こそだ、とうそぶいていたそうです（岡本敏子『岡本太郎に乾杯』新潮文庫）。

ともかく、その内部にテーマ展示を収容するはずだったお祭り広場の巨大な「大屋根」（丹下健三《たんげけんぞう》設計）をいきなりあの塔がぶち抜いてしまいます。あまりに破天荒《はてんこう》なことが行われるので、世の中もあっけに取られて見守るしかありませんでした。「芸術家のやることは、これだからわからない」というのが、世間一般の素朴な反応でした。

ところが、今回、当時の映像に接してみると、太郎の下に集まった若いクリエイターたち（小松左京、黒川紀章ら）が実に生き生きと彼の熱弁に耳を傾けています。誰しも若く、エネルギーにあふれています。なるほど、こういうパワーの結集が、あの根源的な祝祭空間を生み出したのか、と初めて得心がいきました。

そして、ふと思ったのは、いわゆる「目玉男」事件です。万博開催中の四月二十六日から五月三日まで、およそ一週間にわたって「赤軍」と書かれたヘルメットをかぶった若者が、「太陽の塔」の「黄金の顔」の右目部分に立てこもりました。いまでは忘れた人（知らない人）がほとんどでしょうが、連日このニュースが流れるたびに、妙にザラついた感触で、気持ちが波立ったのを覚えています。

考えてみれば、一番の「反博」は自分だと言ったのは太郎です。その意味で、あの「塔」は万博自体を異化する目的で仕掛けられた、いわば近代に対する始原的、土俗的な〝テロ〟のようなものだったとも言えます。つまり、「目玉男」はたんに「反博」を世にアピールしたいというよりも、「もっと原初的な衝動」に突き動かされていたのではなかったか。むしろ「太陽の塔」にこそ「目玉男を呼びよせる何かが備わっていた」のではないか、というのが、椹木野衣さんの見立てです。

このところ岡本太郎が気になるもうひとつの理由は、「考える人」で予定している梅棹忠夫特集との関係です。梅棹さんが実は、万博のチーフ・プロデューサーに岡本太郎を推薦したことは、意外に知られていない事実です。さらに、万博跡地を利用してできた現在の国立民族学博物館設立の、最初のきっかけを岡本太郎が作ったと聞くと、驚きはさらに大きくなります。EEMと略称される「日本万国博覧会世界民族資料調査収集団」が結成されたのは一九六八年です。テーマ館の地下に展示される民族学資料を、世界各地から収集することを目的に作られた組織で、東大の泉靖一研究室と京大の梅棹忠夫研究室のメンバーを中心に、約二〇人の若手の研究者が「資金をもって、よろこびいさんで」世界中に散らばって行きました（梅棹忠夫『行為と妄想』中公文庫）。

テーマ館の地下空間に世界の民族資料を展示するというアイディアは、チーフ・プロデューサーの岡本太郎氏によるものであった。かれはパリ大学で民族学をまなんでおり、民族学にはふかい理解をもっていた。地下空間の民族資料の展示も、かれがみずから手がけたのであっ

た。

総数約二六〇〇点と言われるこれらの資料は、地下展示の「ちえ」の部分に主として生活道具が陳列され、神秘的で呪術的な空間である「いのり」のパートに、世界の仮面と神像がむき出しのまま吊り下げられたり、立てられたりしました。これらがやがて民博誕生の際の最初のコレクションの礎《いしずえ》となりました。さらに面白いことに、このアイデアを太郎が得たのは、パリ留学時代だと梅棹さんは指摘しています。一九三七年、トロカデロのパリ万国博跡地に開設された人類博物館との出会いこそが決定的だった、と。

梅棹・前掲書

おそらく、太郎が万博のプロデューサーを手掛けるにあたって、最初に頭をよぎったのも、このときの一連の記憶と体験ではなかったろうか。自分の人生の大きな転機となった人類博物館が、パリ万博の遺産として生まれたように、大阪万博の遺産として、日本にも同様の博物館を設立することはできないかという考えだ。岡本太郎の頭の中では、万博とその跡地に設立されるべき博物館とのあいだには、はじめからひとつの強い結びつきが存在していた。

――椹木野衣『黒い太陽と赤いカニ　岡本太郎の日本』中央公論新社――

　一方の梅棹さんは、「わたし自身は万国博にも博物館促進運動にも両方に関係しながら、その二つはわたしの頭のなかでは別のことであって、両者をむすびつけてかんがえるという発想はまったくなかった」と述べ、これを結びつけたのは岡本太郎であったと記しています。マルセル・モースに民族学を学び、ジョルジュ・バタイユやミシェル・レリス、ロジェ・カイヨワらと「社会学研究会」で交流していた岡本太郎の記憶と体験が、こうして千里の地に新たな博物館を生み出します。これも知的興奮を誘う話です。

　実は、次の日曜日は人を募って民博へ出かける予定です。私にとっては二度目になりますが、いま開催中の「ウメサオタダオ展」を見に行くつもりです。今回は、せっかくなので万博記念公園を少し歩いて、久々に「太陽の塔」も見て帰る予定です。これもあの「ベラボー」なモニュメントが持つえもいわれぬ魔力のなせるわざです。

　最近では、森《もり》見《み》登《と》美《み》彦《ひこ》さんの小説『太陽の塔』の主人公のように、「岡本太郎なる人物も、大阪万博という過去のお祭り騒ぎも、あるいは日本の戦後史なども関係がない」にもかかわらず、「なんじゃこりゃあ」と呆れるばかりの大きさと形に圧倒されて、「太陽の塔」に畏怖の念を抱く若い世代が現れてきています。

「あれは一度見てみるべきだよ」なんぞと暢気《のんき》に言っているようでは、全然、からっきし、足りない。

もう一度、もう二度、もう三度、太陽の塔のもとへ立ち帰りたまえ。……

「つねに新鮮だ」

そんな優雅な言葉では足りない。つねに異様で、つねに恐ろしく、つねに偉大で、つねに何かがおかしい。何度も訪れるたびに、慣れるどころか、ますます怖くなる。太陽の塔が視界に入ってくるまで待つことが、たまらなく不安になる。その不安が裏切られることはない。いざ見れば、きっと前回より大きな違和感があなたを襲うからだ。太陽の塔は、見るたびに大きくなるだろう。決して小さくはならないのである。

森見登美彦『太陽の塔』新潮文庫

二〇一一年四月二十八日

No. 465

「骨を洗う」人

辺見じゅん『**収容所**《ラーゲリ》**から来た遺書**』（文春文庫）

辺見じゅんさんの急逝を知らされたのは、九月二十一日の夜でした。東京を台風一五号が直撃し、強い暴風雨の中を全身ずぶ濡れになって帰宅した後のことです。あまりに唐突な知らせに、一瞬何が起こったのかと、実感が伴いませんでした。つい二週間ほど前に、講談社ノンフィクション賞の授賞式で、選考委員の一人として出席していた辺見さんとお会いしたばかりでした。前の週に会食をともにした人からは、二〇一二年七月、富山市に開設される「高志《こし》の国文学館」の館長に就任する予定の辺見さんが、精力的に富山を訪れ、いろいろな構想を温めているという話を聞いていました。それだけに、よけいに信じられませんでした。

角川書店創業者である故・角川源義《げんよし》氏の長女として生まれた辺見さんは、多彩な才能を発揮しました。幼時より万葉集に親しみ、最後の歌集となった『天涯の紺』にいたるまで、歌人としてめざましい活躍ぶりでした。父祖の地、富山を中心にした短歌結社「弦《げん》」の主宰者でもありました。また先の戦争で命を捧げた名もなき兵士たちの物語を描いた鎮魂の作家であり、二〇〇二年からは、文芸出版の理想を掲げて船出した幻戯《げんき》書房を率いる出版人でもありました。

その活動のすべてにわたって、父・源義氏の存在を抜きに語ることはできません。折口信夫《おりくちしのぶ》門下の国学者であり、俳壇の巨星、そして鋭敏な出版人であった父親の「日本文化の再生」に寄せる夢を引き継ぐこと。病床で聞いた父親自身の戦争体験をふまえ、無告の戦没者の遺志を語り継ぐこと。それらが、彼女の多彩な活動と創作の原点になりました。仄聞《そくぶん》するに、次のノンフィクション作品のテーマは、まさに父・角川源義を正面に据えた一族の物語でした。それを果たせず道半ばで逝ったことは、さぞ心残りだったでしょう。

個人的に思い出深い作品というと、映画にもなった『男たちの大和』（ハルキ文庫、一九八四年・新田次郎文学賞）と、『収容所《ラーゲリ》から来た遺書』（文春文庫、一九八九年・講談社ノンフィクション賞、一九九〇年・大宅壮一ノンフィクション賞）の二作です。いずれも深い感銘を覚えました。

前者は、戦況が悪化した昭和二十年四月六日、三三〇〇余名の男たちを乗せ、激戦の沖縄に向けて出撃した不沈戦艦「大和」をめぐる物語です。〝戦争の大義〟がどうあれ、召集令状に導かれるまま、その船に乗り組む運命となった名もなき若き下士官たち。彼らがいかなる親のもとに生をうけ、そしてどのように没していったかを、艦橋の高みから見下ろすのではなく、あくまで彼ら自身の視点を通して描き切ろうとした労作でした。吉田満《みつる》さんの傑作『戦艦大和ノ最期』、とりわけそこに登場する臼淵磐《うすぶちいわお》大尉が大和の出撃前夜、動揺を隠せない仲間に向けて発したとされる言葉は、あまりにも有名です。

「進歩ノナイ者ハ決シテ勝タナイ　負ケテ目ザメルコトガ最上ノ道ダ　日本ハ進歩トイウコトヲ軽ンジ過ギタ　私的ナ潔癖ヤ徳義ニコダワッテ、本当ノ進歩ヲ忘レテイタ　敗レテ目覚メル、ソレ以外ニドウシテ日本ガ救ワレルカ　今目覚メズシテイツ救ワレルカ　俺タチハソノ先導ニナルノダ　日本ノ新生ニサキガケテ散ル　マサニ本望ジャナイカ」

吉田満『戦艦大和ノ最期』講談社文芸文庫

これが、仮にエリート士官たちの真情の一部を吐露したものだとすれば、それと対をなす形で、この必敗の〝水上特攻〟作戦に否応なく巻き込まれた人々の哀しみを惻々《そくそく》と伝えたのが『男たちの大和』でした。

『収容所から来た遺書』で思い出すのは、講談社ノンフィクション賞の贈賞式です。作家の澤地久枝さんが選考経過を述べた際に、ともに選考委員を務めた立花隆さんがこの作品を絶賛したことに触れました。「世の巨悪を追及する際には容赦ない鬼のような立花さんが、この作品を読んで涙が止まらなかったとおっしゃった。あの立花さんでも泣くことがあるのか、と初めてわかった作品です」という内容のスピーチで会場を沸かせました。立花さんの選評を読んでみます。

辺見じゅん『収容所から来た遺書』は、脱帽に値する作品である。読みながら思わず落涙した。これだけ人を感動させる作品はそうあるものではない。ノンフィクションの良し悪しは半分は題材で決まり、半分は作者の力量で決まる。この作品は、題材、作者の力量ともに申し分ない。

改めて本書を読み返しましたが、感動はいささかも変わりません。山本幡男《はたお》という主人公の遺族が暮らす家を、終戦から十二年を経て、山本と同じソ連の強制収容所（ラーゲリ）にいた、という男性が訪れ、一家の主に託された遺書を届けます。それから一通、また一通と郵送で、あるいは直接持参する形で、全部で四通の遺書がもたらされます。

「山本幡男の遺家族のもの達よ！」の呼びかけに始まる「本文」、「お母さま！」「妻よ！」「子供等へ」――。それらはすべて、山本が最後の命の炎を燃やして綴った遺書でした。文字を書き残すことはスパイ行為と見なされ、収容所を出発する前には厳重な私物検査が行われ、字の書かれたものは、紙切れ一枚に至るまですべて没収するという監視体制が敷かれていました。何としても山本の家族のもとにこれを届けなければ、と考えた「心ある人々」は、それぞれ分担を決めて遺書を懸命に暗記し、写しは衣服の中に縫い付けるなどして、必死で日本に持ち帰ったのでした。こうした例は、おそらく「空前絶後」だったと思います。

遺書はいつ読み直しても、涙がこみ上げます。寝返りも打てないほどの重病人が、わずか一日の間に、ノートに一五頁もの遺書を、まさに死力を振り絞って書きました。読んだ仲間たちは、「これは山本個人の遺書ではない、ラーゲリで空しく死んだ人びと全員が祖国の日本人すべてに宛てた遺書なのだ」と思い、「帰国の日を待ちわびて死んでいった多くの仲間たちの無念の声を聞いている」ような気がして、「なんとしてでもこの遺書を山本さんの家族に届けようという気持ちになった」といいます。

山本が死んでから彼らが故国の土を踏むまでに、さらに二年四カ月の試練が待っていました。その間、「遺書を託された人びとにとって、山本の家族に記憶して届けるということが、生きつづける支え」ともなりました。

こうした友情が育まれたのは、出口の見えない抑留生活にあって、「山本の精神の強靭《きようじん》さと凄さ」が皆に生きる力を与えたからでした。一見年寄りじみているのに、目は意外に若々しく、誰にも分け隔《へだ》てすることなく、周囲はしばしば笑い声に包まれたという楽天的な人柄。極寒と飢餓と重労働に苦しめられ、精神的にも過酷きわまりない収容所生活であればこそ、彼は繰り返し熱をこめて語ります。「生きてれば、かならず帰れる日がありますよ」、「ぼくたちはみんなで帰国するのです。その日まで美しい日本語を忘れぬようにしたい」と。

そしてセメント袋を切った茶色い紙で綴られた文芸冊子をひそかに回覧するかと思えば、「アムール句会」という俳句の集まりを呼びかけます。短冊はまたセメント袋を切って使い、馬の尻尾やマニラロープをほぐして毛筆を作り、「墨汁の代用品は煤煙を水に溶かしてこしらえた」といいます。監視の目を盗むようにして集まり、終われば俳句を書きつけた紙は、土に埋めたり、〝ハモニカ便所〟と呼んでいた、穴に板を渡しただけの便所の中に細かく千切って捨てました。

句会の集まりは、ラーゲリ内のとげとげしい雰囲気がウソのような別世界だった。句会のときだけはみな日頃の作業の辛さも忘れる。むしろ作業中にも次の句会に投ずる句など

を考えていると、単調で辛い労働も違ったものに感じられてくる。メンバーは、しだいに句会の楽しさにのめり込んでいった。

こうして〝希望〟が生まれます。打ちのめされるような事件が起ころうとも、そんなことにめげる様子もなく、「かえって逆境のときのほうが意気軒昂《いきけんこう》」だったという山本は、病を得てもなお句会を欠かすことはありませんでした。やがてアムール句会は二〇〇回目を迎えます。その時にはすでに出席が叶わなくなっていた山本ですが、その報告を聞くと、「日本に帰ったら、ぼくたちのシベリア句集を作ろう。……自分の句は記憶しておくようにみんなにいってくれよ」と語り、次の歌を示します。

韃靼《だったん》の野には咲かざる言の葉の花咲かせけりアムール句会

空前のシベリア句集を編むべきは春の大和に編むべかりけり

おそらく辺見さんが聞き届けたのは、この「言の葉」の力に寄せる信頼と、それを糧に生と死の極限状況を生き抜こうとした山本の、そして無告の人びとの物語だったような気がします。深く死者を悼《いた》むこと。近代の〝防人《さきもり》〟の運命に思いを寄せ、彼らの挽歌を奏でることは万葉集に親しんだ辺見さんにとって、ごく自然な流れだったと思われます。

昭和四十九年に沖縄の幾つかの島を訪れたとき、「骨を洗う」という言葉に触れた。死者の魂を鎮めるために、白くなるまで骨を洗う。三年も経つと大抵の骨はやさしい表情になる。だが、この世に無念の思いを残して死んだ人の骨はいつまでも肉が離れない。そのときはていねいに優しく洗ってあげるのだという。

『昭和の遺書』「あとがき」、文春文庫

『男たちの大和』『収容所から来た遺書』をはじめとする彼女のノンフィクションは、まさにていねいに優しく「骨を洗う」仕事でした。いささかもたじろぐことなく、丹念に、そしてたおやかに――。彼女はそれを粘り強く、気丈にやり遂げました。ご冥福を祈りたいと思います。

二〇一一年十月二十七日

美女とコラムニスト

諏《す》訪《わ》正人《まさと》さんが二月八日に亡くなりました。八十四歳。毎日新聞の朝刊一面のコラム「余録」を二十三年二カ月にわたって執筆し、通算本数は六三五四にのぼったといいます。起点が一九七九年四月十七日で、「私の余録はこれで終わり、明日から新しい筆者と交代します」と締めくくったのが二〇〇二年六月十九日。

私にとっては社会人二年目を迎えたあたりから、サッカー日韓共催ワールドカップで、トルシエ・ジャパンがベスト8入りを逃したその日まで――。この間、毎朝仕事前のウォーミングアップにどれほど諏訪さんの力を借りたことか。感謝と敬愛の思いはひとしおです。

二週間前に創刊五万号を迎えた毎日新聞にあって、「余録」の二十三年二カ月は、最長不倒記録だろうと思っていました。ところが、さらに上を行く二十五年のレコード・ホルダーが控えていました。侃《かん》堂《どう》、丸山幹治氏でした。日本政治思想史の丸山眞男氏の厳父といったほうが、むしろ通りがいいかもしれません。

丸山幹治氏は大阪朝日、読売、京城日報などを経て大阪毎日に入り、一九二八年から「硯滴《けんてき》」（一九〇二年に創設。後に「余録」と改題）を担当、東京に移った後も一九五三年まで書き続けました。戦前・戦中・戦後の三つの時代をまたいでこの欄を担当したのですから、並の二十五年ではありません。二倍、三倍の重みがある仕事です。政府の圧力や干渉、社の意向、読者の期待といったものの複雑なバランスを取りながら、時流に目を凝らし、自らの節を曲げず、当たらず触らずでない筆致を保つには、言うに言われぬ苦労があったことは明白です。

面白いのは、丸山氏が大阪朝日時代に「天声人語」も執筆していたことです。「天声人語」と「余録」――日本を代表する二つの新聞コラムを書いた例は氏を除いて他になく、今後もおそらく現れないことでしょう。

ところで、「天声人語」といえば、昨秋、後藤正治さんが『天人《てんじん》　深代惇郎《ふかしろじゆんろう》と新聞の時代』（講談社）というノンフィクション作品を著し、深代惇郎という伝説のコラムニストにふたたび光を当てました。一九七三年二月から「天声人語」を担当し、いまなお語り草となる多くのコラムを書きましたが、一九七五年十一月に体調を崩して入院。同年十二月十七日、急性骨髄性白血病のために四十六歳の若さで亡くなります。執筆したのは、わずか二年九カ月でした。

「神様がこのような書き手をふっと地上に寄越して、そしてさっと天に召し上げた」——同書に紹介されている同期記者のひと言です。故人となって四十年が経ちますが、いまだに思慕する人は絶えず、コラムはいささかも古びることなく、清新な輝きを放ち続けています。

新聞のコラムニストは一般にいうエッセイストとは性格が異なる。森羅万象、日々生起するホットなニュース、社会的な課題をまな板に載せて論評することを課せられている。あくまでジャーナリストの筆によるエッセイである。時がたてば使われた素材は古びていくのは当然であるが、深代惇郎の「天声人語」はいま読み返してもなお、立ち止まらせるものを含んでいる。

後藤・前掲書

同書の執筆を進めている三年あまり、後藤さんはいつも『深代惇郎の天声人語』の抄録《しょうろく》本をバッグにしのばせ、折に触れてはページを繰ったといいます。以前から、幾度も読み返してきた本です。「根《こん》をつめては読めない。拾い読みしては本を閉じ、余韻に浸りながら、いろいろ考えさせら

れた」とも聞きました。
まったく同じような感想を、私は諏訪さんの本に対しても抱きます。「余録」を抜粋した『諏訪正人の「余録」』（毎日新聞社）は、六三五四本のコラムの中から自ら厳選した五〇〇篇。七〇〇字あまりの短い文章ですが、一つひとつに心血が注がれています。書き手が「一日に一つ卵を産むニワトリ」（毎日新聞「記者の目」、二〇〇二年六月二十五日）なら、読み手も一日一話、味わうほかないと悟るのです。

余録を書きながら、頭にあるのはきょう一日のことだった。あすは薄明のかなたに霞んでいる。きのうはすでにぼやけている。朝からきょうは何を、どう書こうかとそればかり考えていた。書き終えるとすでに夜。あすのことを思う余地はない。完全な一日本位制。

後藤・前掲書

書きだめをしたことは一度もなく、その日の分をその日に一つだけ書いた、と語ります。始めた当初は二、三週間で行き詰まるのではないかと恐れていましたが、気がついたら二十三年経っていた、「われながらあきれるほどのその日暮らし」だったと自嘲気味に洩らします。「余録」の筆を擱《お》

くにあたり、「たった一日でいい、コラムらしいコラムを書きたいと念じながら……会心のコラムはついに書けなかった」とも。

新聞コラムとは、いったい何でしょう。一面の記事に代表されるその日その日の大ニュースを、素材にはするけれども、どこかで切れている、その微妙な境界線が重要です。

出来事をめぐる見方は決して一つではない。その出来事を後ろから、斜めから、横から、裏から、いろんな角度からながめまわすのが新聞コラムの仕事である。

諏訪正人「幻の美女を追って――『余録』の23年」
「新聞研究」二〇〇二年十一月号、日本新聞協会

一面の記事が物事を正面からとらえた「よそ行きの写真」だとすると、コラムは「素人が小型カメラであちこちから気楽に撮ったスナップ写真」だとも語ります。だから重要なのは、想像力。鳥の目となって空高くから見下ろすのも、虫の目となって地べたから仰ぎ見るのも、すべては想像力の産物だというわけです。

私は編集局のざわめきを潮騒のように聞きながら、論説室の片隅で余録を書いた。大きな事件が起きれば背景をあれこれ思いめぐらす。どんな小さい事件でも思いめぐらす材料に不足することはない。

諏訪正人「新聞一面の根元――『余録』二十三年」「図書」二〇〇二年十一月号、岩波書店

……と、ここまで書いてきて、諏訪さんの代表作としてどのコラムを紹介したらよいものか、さっきから迷い続けています。心に残るものがたくさんあり過ぎて、優劣のつけようがありません。迷った末に選んだのは、一九八四年十月十四日に掲載された「六羽のハト」という一篇です。

当時、ＪＲ有楽町駅前には西武、そごうという二つの新しいデパートが誕生し、街が大きく変貌していました。つい昨日までは、ここに朝日、読売、毎日の新聞三社が軒を並べ、抜きつ抜かれつのスクープ合戦を繰り広げていました。各社の屋上には鳩舎《きゆうしや》があって、ハトがクウクウ鳴いていました。通信管をつけて、原稿やフィルムを運ぶ、いまならバイク便、あるいはインターネットのような役目を果たしていたのです。

数々のスクープをものにした伝令だったが、三十九年の東京五輪取材を最後に引退し、ハトは公共施設や希望者に引きとられていった。有楽町の空から伝書バトの姿が消えたのは四十年代のはじめである。ハトの行方を追うように、新聞社も住みなれた有楽町を去った。

本社が皇居前の竹橋に移ったのは四十一年秋だが、この社屋にハトがいる。ビルの九階外側のヒサシに六カ所、六羽のハトがとまっている。高村光太郎賞を受賞した彫刻家、一色邦彦さんの作品だ。飛びたとうとしているハト、帰りついたハト、六羽ともポーズが違う。

実物より少し大きいアルミ製。気づかずに通り過ぎてる人が多いが、ハトは上から静かに見下ろしている。人なつこい顔をしたハトもいれば、はるか永田町方面を見ているハトもいる。タカを警戒しているのか。六羽のハトに囲まれて、あすから新聞週間。


以来、毎日新聞のあるパレスサイドビルを通り過ぎる時は、ふと視線を頭上のハトに向けるようになりました。また日比谷公園にいるハトも、かつてはジャーナリズムの一翼を担った由緒正しいハトの末裔《まつえい》かもしれない、と思って眺めます——。

擱筆《かくひつ》は二〇〇二年六月十八日。この日、宮城スタジアムでサッカー日本代表は〇対一でトルコに敗れ、ベスト8入りを逃しました。

日本のチームのW杯は終わった。美しい夢を見た。夢は必ず覚める。それがきのうだった。しかし、覚めても、記憶は鮮明に残る。残像をいつまでも大事に取っておこう。

私の余録はこれで終わり、明日から新しい筆者と交代します。ご叱正、ご鞭撻ありがとうございました。

執筆の終点がなぜ六月十八日だったのか。理由を知ったのは、しばらくたってからでした。

無我夢中で余録を書いているうちに、ついうっかりして年齢を忘れてしまった。そんなばかなことがあるものかとおっしゃる方がいるかもしれないが、恥ずかしながら事実である。

数年前、それに気がつき、愕然として誕生日にやめようと決心し、会社に申し出て、二年遅れで実現した。

前掲「新聞研究」

さらに、こう続きます。

朝日新聞欧州総局長だった故深代惇郎氏は七三年一月、急に帰国することになり、ロンドンでの各社特派員の送別会で「東京に絶世の美女がいて、急遽帰国しなければならなくなった」と理由を語ったそうだ。

絶世の美女。さては突然の帰国の裏に女性問題がからんでいたのではないかと早とちりした向きもあったようだが、「絶世の美女というのは、もちろん天声人語のことさ」とその夜、ロンドンの同僚がパリの私に電話で大笑いしながら解説してくれたことを思い出す。

パリの諏訪さんに、おそらくロンドンから電話したと思われる小西昭之さん（後のワシントン支局長、故人）から、私も何度かこの話を聞きました。深代さんの思い出話として、小西さんは懐かしそうに語ったものです。諏訪さんは続けます。

深代氏の天声人語はわずか二年半で終わったが、私にいつまでも消えることのない鮮烈な残像を残した。深代氏はきっと新聞コラムという絶世の美女と対面したのだと思う。

深代氏の美女と違って、私のなかの幻の美女はつつしみ深い。遠くのほうでかすかに後姿が見えるような気がするときがあるが、目を凝らしてもよく見えない。急いで近寄ると、さっと身をひるがえして逃げてしまう。絶世の美女のくせに逃げ足は速い。

流されゆく日々との「その日暮らし」に別れを告げて、「余録」はいま一冊の書物としてわれわれの前にあります。「眇《びょう》たる数百字のコラム一つで愉快になって元気が出る。生きる勇気が何となく湧いてくる。毎日新聞の読者なら覚えがあるはずだ」とは、愛読者の一人だった丸谷才一氏が、諏訪さんの「余録」を評した言葉です。

深代惇郎と諏訪正人、一歳違いだった二人の記者を偲《しの》びます。

二〇一五年二月二十六日

第6章

言葉の受難を乗り越えて

No. 461

「言葉の受難者」の終着駅

アゴタ・クリストフ『**文盲**』（白水社）

デビュー作の衝撃が圧倒的だったことを思うと、訃報の扱いはごく控えめなものでした。晩年に新作を発表しなかったことが影響しているのでしょう。たとえば八月二日の「朝日新聞」です。

アゴタ・クリストフさん（ハンガリー出身の女性作家） AFP通信などによると、7月26日、スイス・ヌーシャテルの自宅で死去、75歳。1956年のハンガリー動乱時に反体制活動をしていた夫とともにスイス亡命。78年から亡命後に学んだフランス語で執筆を始めた。代表作に「悪童日記」「ふたりの証拠」「第三の嘘」など。イタリアやスイス、オーストリアなどで文学賞を受賞した。

処女作『悪童日記』は、第二次世界大戦末期、ドイツの占領下にあったハンガリーとおぼしき東欧の田舎町が舞台です。激しい時代の荒波を乗り越えて、したたかに、逞《たくま》しく生き抜く双子の「ぼくら」の苛烈きわまりない現実を、身震いするほど非情な文体で描いて世界的なベストセラーとなりました。

しばらく日本を離れていた私が、帰国後間もなく本好きの友人から、「いま一番話題の書だ」といってこの本を渡されたのが、一九九一年のことでした。著者はまったく無名のハンガリー人女性で、五十歳を過ぎて書いた初めての小説だといいます。しかも二十歳を超えてから身につけたフランス語で書かれた作品だ、と。まるで二十四歳の時にポーランドからアメリカへ亡命し、その後英語をマスターして作家デビューを果たした『異端の鳥』のイエールルジ・コジンスキーみたいではないか、と思ったものです。テーマといい、全世界に反響を巻き起こした点といい、両者は共通していました。

読み始めると、たちまち引き込まれました。主人公たちが悪夢のような、殺伐たる日常を日記に綴るという形式。修飾語を削ぎ落とし、出来事を淡々と、直截に、躊躇《ちゆうちよ》なく描き、一片の感傷もまじえません。心理は無視されます。そこから痛切なアイロニーに充ちた寓意の世界が立ち上がり、黒いユーモアの噴き出す極限状況の物語が展開します。

ぼくらには、きわめて単純なルールがある。作文の内容は真実でなければならない、というルールだ。ぼくらが記述するのは、あるがままの事物、ぼくらが見たこと、ぼくらが聞いたこと、ぼくらが実行したこと、でなければならない。

たとえば、「おばあちゃんは魔女に似ている」と書くことは禁じられている。しかし、「人びとはおばあちゃんを〈魔女〉と呼ぶ」と書くことは許されている。

「〈小さな町〉は美しい」と書くことは禁じられている。なぜなら、〈小さな町〉は、ぼくらの目に美しく映り、それでいてほかの誰かの目には醜く映るのかもしれないから。……

感情を定義する言葉は非常に漠然としている。その種の言葉の使用は避け、物象や人間や自分自身の描写、つまり事実の忠実な描写だけにとどめたほうがよい。

翻訳を携えてクリストフを日本に紹介した堀茂樹氏は述べています。「そんじょそこらのハードボイルド・ヒーローを遥かに超えるこのような作中人物の創出によって、アゴタ・クリストフは読者たるわれわれを不意打ちした。作中人物の『ぼくら』のみならず、『悪童日記』という小説自体、語られていること・描かれていることの悲惨さにもかかわらず、痛快かつ爽快な作品だ」と（ハヤカワepi文庫解説）。一九九一年一月、湾岸戦争の勃発に動顛《どうてん》する当時の日本人を、まさに「震駭《しんがい》（ふるえおどろくこと）」させる（塩野七生）強烈な「不意打ち」を見舞ったのが、『悪童日記』でした。

そのアゴタ・クリストフの自伝的物語が本書です。『悪童日記』三部作と同じく、無駄のない簡潔な文体に貫かれ、短著であるにもかかわらず、ずっしりと重い手ごたえの作品です。過酷な歴史の渦に翻弄され、デラシネ（故郷喪失者）とならざるを得なかった著者の、言語をめぐる遍歴がそのまま壮絶な半生の記になっています。家族や故国、そして母語との別れが、終生作家にとっては癒しがたい心の傷となり、その永遠に失われた世界を取り戻すことが、彼女にとって「書く」という行為であったことを改めて知らされます。

もし自分の国を離れなかったら、わたしの人生はどんな人生になっていたのだろうか。もっと辛い、もっと貧しい人生になっていただろうと思う。けれども、こんなに孤独ではなく、こんなに心引き裂かれることもなかっただろう。幸せでさえあったかもしれない。確かだと思うこと、それは、どこにいようと、どんな言語であろうと、わたしはものを書いただろうということだ。

「最初のうち、言語《ことば》は一つしかなかった」とあります。故郷の村で家族と暮らしていた頃です。父親は村の小学校の教諭でした。ところが、九歳の時、占領国のドイツ語を住民の四分の一が話す国境の町へ引っ越します。父親は政治犯として、逮捕・投獄されます。そしてその一年後に、国はロシアに占領され、学校ではロシア語が正課となって、他の外国語は禁じられます。

やがて高校時代の歴史の教師と結婚した彼女は、一九五六年十一月、二十一歳の時に、ハンガリー動乱から逃れるために夫とともに、生後四カ月の娘を連れてオーストリアへ脱出します。そしてウィーンの難民センターで、赤ん坊のミルクを手に入れるため、若い母親はかつての「敵語」であるドイツ語を口にします。そこからスイスへ移り、フランス語使用地域に安住の地を見つけます。しかし、それはまた、まったく未知の言語に取り囲まれた生活と、それを克服するための、長期にわたる「懸命の闘い」の始まりでした。

「根こぎにされた」人々にとっては、たとえ物質的には余裕が生まれたとしても、その代償として失ったものの大きさは埋めようがありません。

――わたしは微笑む。わたしは彼に言うことができない。……わたしが悲しいのは、それはむしろ――

今のこの完璧すぎる安全のせいであり、仕事と工場と買い物と洗濯と食事以外には何ひとつ、すべきことも、考えるべきこともないからだ。ただただ日曜日を待って、その日ゆっくりと眠り、いつもより少し長く故国《くに》の夢を見ること以外に何ひとつ、待ち望むことがないからだと――。

集合的な記憶や価値観、文化を包み込んだ母語を奪われ、アイデンティティの拠り所を見出せない「砂漠」に暮らす日々。「判で押したような、変化のない、驚きのない、希望のない」生活。仲間のうちには、それがついに耐えられず、禁固刑が待っていることを知りつつ故国へと戻る者、米国、カナダへと去る者、あるいは亡命生活の最初の二年間のうちに、自ら死を選ぶ者が現れます。存在の根幹をなす母語を喪失した者にとっては、フランス語もまた「敵語」となります。なぜなら、「この言語が、わたしのなかの母語をじわじわと殺しつつある」という冷厳な事実に向き合うからです。

しかしながら、そのフランス語で二篇の戯曲を書き上げた作家は、やがてラジオドラマの注文を受けるようになります。そのかたわら、子供時代の思い出にもとづく短いテキストを、一本、また一本と書き始めます。そしてある日それらがまとまって、机の上には「きちんと発端と結末のある一貫した物語、まぎれもなく小説のようなものの書き込まれた大きなノートブック」が置かれます。それが『悪童日記』です（原題は Le Grand Cahier〈大きなノートブック〉）。

さて、人はどのようにして作家になるかという問いに、わたしはこう答える。自分の書いているものへの信念をけっして失うことなく、辛抱強く、執拗に書き続けることによってである、と。

二十世紀という時代を象徴する〝難民作家〟の長い旅――「たまたま、運命により、成り行きにより」、フランス語で書くことを自らに課した「ひとりの文盲者の挑戦」が、いま静かに幕を閉じました。

二〇一一年九月二十九日

No. 565

失意のさなかのスピーチ

ブライアン・マッカーサー
『我が言葉を聴け　歴史をつき動かした50人のカリスマ』
（講談社）

あの名演説から百五十年あまり。第一六代米大統領エイブラハム・リンカーンが、南北戦争の激戦地ゲティスバーグで熱弁をふるったのは、一八六三年十一月十九日のことでした。「人民の、人民による、人民のための政治を、地上から絶滅させない（government of the people, by the people, for the people, shall not perish from the earth.）」という誓いの言葉でした。

全部で二七二語。わずか三分足らずのスピーチが、百五十年後の現在にいたるまで、これほど世界的な影響をもたらすとは、当時は誰ひとり予想もしませんでした。

ゲティスバーグ近くで発行されている地元紙「パトリオット・ニュース」は、先日、百五十年前の社説について「お詫びと訂正」を掲げました。リンカーン大統領の演説を「バカげた発言」と一蹴したことに対し、「時代の重要性、時を越えた能弁さ、普遍的な輝きを見抜くことができなかった」として、〝大先輩〟の不明を率直に認めたのです。

そのリンカーン演説から約百年後、「ゲティスバーグ演説の秘密をさぐりだしてほしい」とスピーチライターのセオドア・ソレンセン特別顧問に指示したのは、大統領就任演説に臨もうとしていた四十三歳のジョン・F・ケネディです。そのJFKが暗殺されてから、二〇一三年十一月二十二日でちょうど五十年。二十日には、オバマ大統領夫妻、クリントン元大統領夫妻らがワシントンのアーリントン墓地でケネディ氏の墓前に献花し、暗殺の地となったテキサス州ダラスでは、二十二日に追悼式典が行われました。

奇しくも在任中に凶弾に倒れた二人の大統領ですが、「言葉」の力によって、いまなおアメリカン・デモクラシーを象徴する存在となっている点でも似通っています。本書で改めて読み返してみましたが、一九六一年一月二十日のケネディ大統領就任演説は圧倒的な輝きを放っています。

今日の私たちも、あの最初の革命（独立革命）の継承者であることを忘れようとは思っていません。アメリカ人の新しい世代に、たいまつ《トーチ》は受け継がれた――この言葉を、友にも敵にも向けて、今この場から発しようではありませんか。……

であればこそ、仲間であるアメリカ人の皆さん、国から何をしてもらえるかを問うのであってはなりません。あなたがたが自分の国に何をなしうるかを問うことであります。
仲間である世界の市民諸君、アメリカが何をしてくれるかを問うのであってはなりません。力を合わせるとき、われわれは人間の自由のために何をなしうるか、それを問うことであります。

ダラス市のサザンメソジスト大・大統領史センターのジェフリー・エンゲル所長は「大統領執務室で成し遂げた功績よりも、演説を通じ、次世代に生きる希望と楽観主義、行動により世界を変えようという意識を植え付けたことに意義がある」（読売新聞二〇一三年十一月十九日）と、ケネディ大統領の果たした役割を分析しています。まさに言葉の力で時代を動かした六〇年代のヒーローがJFKでした。

本書は、「戦争と革命、解放と殺戮《さつりく》の二十世紀」の重大な局面に立ち、同胞に向かって熱く語りかけた五〇人の指導者たちの言葉を集めています。迫りくるナチス・ドイツの脅威を前に、挙国一致内閣を率いた英首相チャーチルの「私が差し出せるのは血と労苦、涙と汗だけである」と述べた不屈の演説、あるいは大恐慌のさなかに米大統領に就任したルーズヴェルトが、就任演説で述べた

「われわれが恐れねばならないのはただひとつ、恐れそれ自体である」という、気力と理想をみなぎらせた言葉。

「私にはひとつの夢がある」と述べた黒人解放運動指導者マーチン・ルーサー・キング・ジュニア牧師や、南アフリカ共和国のアパルトヘイト（人種隔離政策）と闘ったネルソン・マンデラ氏の「自由への歩みは止められない」という、二十七年の獄中生活から解放された直後のスピーチ。

あるいは、アンチヒーローの代表としては、隣国チェコスロヴァキアの領土割譲を高飛車に要求するヒトラーの「我が輩の我慢は切れかけている！」の怒号があります。スペースシャトル・チャレンジャーの爆発炎上という痛ましい事故を受けて、数時間後、レーガン米大統領が行った感動的なスピーチも紹介されています。

苦難の渦中に行われたスピーチも印象的です。一九九二年十一月二十四日に行われた、即位四十年を祝う昼食会でのエリザベス二世の挨拶。この年はアン第一王女の離婚、皇太子チャールズとダイアナ皇太子妃のあいつぐスキャンダル、加えて王室費が高すぎる、女王だって税金を払うべきだといった非難の噴出。きわめつきは、女王の主たる居館のひとつ、ウィンザー城が火災で燃え上がるという出来事です。その火災から四日後、「女王は、喪服かと見まがうばかりの濃い茄子紺のドレスをまとい、それにひどい風邪」という悪コンディションの中で、「この一九九二年は、将来、私が純粋なよろこびをもって振り返るであろう年ではありません。……今年は『アナス・ホリビリス（ひどいことつづきの年）』となってしまいました」と、しわがれた声で語りかけました。

あるいは、一九九七年八月三十一日、パリでの自動車事故で死去したダイアナ元皇太子妃の葬儀で、実弟にあたるスペンサー伯爵が行った感動的なスピーチ。愛姉を「当代で最も激しく狩りたてられる人間」として扱ったメディアへの怒りをにじませながら、二人の遺児の養育方針について王室の考え方に疑問を呈した追悼の言葉は、葬儀であるにもかかわらず、ウェストミンスター寺院の内外から参列者の拍手を呼び起こしました。

その人物の口からいかなる言葉が発せられるか――。聴衆が固唾《かたず》を呑んで、そのひと言を待ち構えるという状況が、時として生じます。ある〝共鳴板〟を胸に秘めた集団が、語り手の声にじっと耳を傾ける状態は、私たちの人生においてもしばしば起こります。古くはラジオから流れる終戦の詔勅《しょうちょく》を、日本国民全体が聞いていた時でしょう。最近では東日本大震災の直後、首相が語るひと言には、おそらくその重みがあったはずです。あるいは、会社が危機に瀕した時に、経営者が社員を前に、何をどういう調子で訴えるか――。

私たちの誰もが、全身を耳にして、それをひと言も聞き漏らすまいとする状況は、必ず何らかの瞬間に訪れるものです。もちろん、その時に自分自身が発語する側にまわることも十分あり得ます。

成功例、失敗例、運命を分けた言葉の例には事欠きません。しかしながら、本書を読んでもっとも心惹かれたのは、誰からも期待されない中で語られた言葉、です。

リチャード・ニクソン。ケネディとの大統領選では一敗地にまみれ、やがて第三七代米大統領として、ベトナム戦争終結、米中国交回復、ニクソン・ショックという世界金融システムの変革を成し遂げますが、「ウォーターゲート事件」の発覚とともに、立場を追い詰められ、一九七四年八月九日、大統領職を辞任し、家族とともにホワイトハウスを去ります。

本書にあるのは、ホワイトハウスに別れを告げる直前に、自分のもとで働いてくれたスタッフたちに向かって行ったスピーチです。大統領弾劾の議決成立が確実視される中で、退陣を決意。「在任中に辞任する初の大統領」として、職員の前に失意の身をさらした時です。

とても大事な人に死なれたとき、選挙に落ちたとき、敗北を喫したときなど、すべては終わりだ、と私たちは考えるものです。

まちがいです。それは始まりにすぎないのです。決まってそうなのです。若い人たちはそのことを知らなくてはなりませんし、年長者だって知らねばなりません。

そう知ることが、私たちをつねに支えるのです。なぜなら、偉大さは、万事がうまくいっているときに現れるものではありません。偉大さは、あなたがたがいくつもの打撃、いくつもの幻滅を味わうときにおとずれ、あなたがたの真価が問われるからです。なぜなら、あなたがたがこのうえなく深い谷間に置かれてはじめて、このうえなく高い山上に立つのはいかにすばらしいことか、知ることができるからであります。

読みながら、思い浮かんだ作品があります。ボブ・グリーンの『アメリカン・ビート』（河出書房新社）の中の一篇です。何げないエピソードから「人生の姿に似たものを取り出す手つきが鮮やか」（沢木耕太郎）なボブ・グリーンは、日本でも人気の高かった米国のコラムニストです。

彼は失脚後のニクソンを、事務所に訪ねます。事前に手紙を書き、自分はあなたを批判する若者のひとりだったことを正直に告げました。ニクソンが大統領職にあった時期に大学生活を送った人間は、「ニクソンが嫌いだという感情をむきだしにしてはばからなかった世代」でした。一方で、彼がホワイトハウスを去った後、「この時期のアメリカの政治ドラマのなかで、ニクソンに匹敵するような政治家はひとりとして存在しなかったこと」を否応なく認めざるを得ませんでした。それがニクソンに会いたい、という動機でした。

約束の時刻にマンハッタンの事務所を訪ねると、探しあてた部屋のドアには何も書かれていなくて、鍵がかかっていました。中から女性が出てきて、招き入れられると、そこにはシークレット・サービスがひとり、傍目にも退屈しきっているのがわかる様子で、『ナショナル・ジオグラフィック』誌を読んでいました。大統領時代の写真が飾られたその部屋で、約束の時間までしばらく待つ間、電話は一本も鳴りませんでした。

対面した六十七歳のニクソンは「ブルーの背広を着て、相変わらず少し猫背」で、神経質そうな印象でした。「机の後ろには、アメリカの国旗と合衆国大統領の標章をあしらった旗」がありました。そして沈黙を恐れるかのように、ニクソン〝大統領〟がひたすら話し続けるうちに、やがて質問は核心に近づきます。大統領職にあった時、人々が口にしていた侮蔑的な言葉をどう受け止めていたか――。少し長くなりますが、そのまま引用します。

「感情なんてやっかいなものを持ってたら、とてもこれまでやってこれなかっただろうな」彼がいった。「いまでもはっきりと覚えていることがある。大統領に就任して間もないころ、ヴァージニア州のウィリアムズバーグで演説していたんだ。確かそのとき初めて、二万五千人の兵力をヴェトナムから撤退させることを発表したのだと思う。そのとき、ひとりのいたいけな少女が、たぶん十六歳か十七歳くらいだろう、目の前に現われて私の顔にツバを吐きかけたんだ。『人殺し』と叫んでね」

「私はシークレット・サービスから借りたハンカチでツバをふきとり、話をつづけてスピーチを終わった。あれはきつかった」

この話をすることによって、彼はにわかに元気をとりもどしたようだった。おそらくニクソン以外の人間だったら、その話の中心点は、その少女にツバを吐きかけられた事実だったろう。しかしそのときニクソンの声は高まり、「あれはきつかった」といったとき、彼の口元がはっきりと引き締まるのがわかった。たぶんニクソンがいおうとしたのは、自分はどんな虐待を受けようとも、傷つくことはないということだったのだ。

「ニクソンの孤独」

インタビューは予定の時間を遥かにオーバーして、二時間近く続きました。この対面をニクソンは「喜んでいるふう」でした。「これまで彼の身にふりかかったことを考えると、ニクソンはこういう機会にほとんど恵まれなかったのではないだろうか。そんな気がした」とあります。

キャロライン・ケネディ新駐日大使の着任という華やいだニュースもあり、改めて〝ＪＦＫの時代〟への郷愁が芽生えています。一方、「堅苦しくて非情な」と言われたリアリスト、ニクソンの影はますます薄くなっています。一九六〇年、運命を分けた大統領選前のテレビ討論会。輝くばかりに日焼けし、スマートで、新鮮で、清潔なケネディに対し、顔は病的に青く、痩せて、悪役面をしたニクソン。テレビの前の視聴者にとっては「汝の述べしこと、聞くこと能わず。汝の存在、巨大にして眼前に迫りくれば」――だったのでしょう（デイビッド・ハルバースタム『メディアの権力』、サイマル出版会）。

その選択の可否は措くとして、本書に先のニクソンのスピーチが選ばれていたことに心が震えます。十一月に出た米国民による歴代大統領の評価（ギャラップ社調べ）では、「傑出している」「平均以上」の答えが七四パーセントだった一位のケネディに対して、一一位のニクソンは一五パーセント。「悪い」という答えは、ケネディの三パーセントに対し、ニクソンは五二パーセントでした。

二〇一三年十一月二十八日

「ハンナ・アーレント」その１

昨秋から評判になっていた映画を年末にようやく見ることができました。「ハンナ・アーレント」――二十世紀を代表する思想家、政治哲学者の生涯と仕事を、彼女の人生の岐路となった「アイヒマン裁判」をめぐる四年間に凝縮した作品です。

アーレントの名前が日本の読書界で一般的になったのは、学生運動はなやかなりし六〇年代後半でした。国際政治学者の永井陽之助氏が編んだアンソロジー『政治的人間』（「現代人の思想」シリーズ第一六巻、平凡社）に、彼女の『革命について』が抄録され、前後して『人間の条件』（中央公論社）、『暴力について』『全体主義の起原』（いずれもみすず書房）などが次々に翻訳されました。この映画の焦点である『イエルサレムのアイヒマン――悪の陳腐さについての報告』（みすず書房）が刊行されたのも一九六九年のことです。

難解さも手伝って、多くの読者を獲得したとはいえない彼女の著作でしたが、『イェルサレムのアイヒマン』は、ジャーナリスティックな関心からも話題となりました。丸山眞男の『現代政治の思想と行動』（未來社）を併読のテキストとして、戦前の日本の指導者とナチ高官とを対比しながら、戦争責任について熱く語る人たちの表情や口吻《こうふん》を懐かしく思い出します。

アイヒマンが言ったとも、独裁者スターリンが言ったとも伝えられる、「一人の死は悲劇だが、数万人が死ねば統計上の数字に過ぎない」という警句があります。ナチス政権による「ユダヤ人問題の最終的解決」（組織的なユダヤ人絶滅計画）に従って、全ヨーロッパから罪のない六〇〇万人のユダヤ人たちが捕らえられ、アウシュビッツをはじめとする絶滅収容所に送り込まれたという事実があります。

全裸の男女を浴室に閉じ込め、上から殺人ガスを降らせるという残虐行為を、何千回、何万回と繰り返した殺戮《さつりく》者たち。彼らは、何の心の痛みも感じなかったのか。血も涙もある人間に、はたしてそんなことができるのか——。

その象徴的存在として語られるのが、カール・アドルフ・アイヒマンです。ドイツ第三帝国親衛隊中佐。何百万人ものユダヤ人を強制収容所に移送し、「最終的解決」の実行を担った責任者です。

彼の裁判をめぐって繰り広げられた世界的な「アイヒマン論争」は、いまなお私たちに重い問いを突きつけています。アイヒマンに良心というものはなかったのか。人間の犯す「悪」を、私たちはどう理解すればよいのか。アイヒマンとは何者か――。

映画のポイントは、この名高い「アイヒマン論争」に火をつけたハンナ・アーレントという傑出した知性を、感情にあふれた魅力的な女性として描き出したところです。強い意志を秘め孤立を恐れない魂とともに、夫を愛し、友情を大切にする愛情豊かな横顔が、巧みな構成で浮かび上がる展開です。

ドイツ系ユダヤ人としてケーニヒスベルクの旧家に生まれた彼女は、学生時代に哲学と神学をヤスパース、ハイデガーという知の巨人たちに学び、とくにハイデガーとは師弟の一線を越える恋愛関係にあったことは周知の通りです。

ナチス政権下のドイツを逃れ、一九三三年にフランスに亡命。ところが、フランス政府によって、一九四〇年、ピレネー山脈に近いギュルス収容所に連行されます。混乱を衝《つ》いて、そこから五カ月で脱出。一九四一年、母を連れ、夫とともにアメリカへの亡命を果たします。

一方、友人のベンヤミンはピレネー山脈を越えてスペインへの入国を試みますが、そこで足止めを食い、絶望のため自殺を遂げたといわれます。

彼女の名を高からしめたのは、一九五一年、ナチズムとスターリニズムを批判しつつ展開した二十世紀文明論の代表作『全体主義の起原』を英語で出版したことによってでした。論壇に確固とした地位を築き、全米の有名大学で教鞭を取るようになります。

さて、映画の冒頭は、帰宅の途中、バスから降りて人気のない夜道を歩き始めた男を、いきなりトラックで拉致するシーンから始まります。一九六〇年に逃亡先のアルゼンチン、ブエノスアイレスで、イスラエルの諜報機関モサドによってアイヒマンが捕らえられた場面です。国際法を無視して行われたこの特殊作戦によって、アイヒマンはエルサレムに連行され、全世界が注視する中で、裁判にかけられます。

アーレントはこの逮捕劇を知り、彼がエルサレムで裁かれるならば、それをぜひ傍聴したいと考えます。六〇〇万人を死に追いやった人間の「生身の姿」をこの目で確かめたいと熱望します。そして、雑誌「ニューヨーカー」の特派員となって赴いたエルサレムの地で、一九六一年四月、傍聴席からその姿に目を凝らします。

「怪物」や「悪魔」のような存在を予想していたアイヒマンの実像はどうだったか。アーレントは衝撃を受けます。「根源悪」をなしたはずの人間が「凶悪」の担い手とはかけ離れた、平凡な小役人としか映らなかったからです。「ガラスケースの中の幽霊みたい。風邪ひきのね。不気味とは程遠い。平凡な人よ」、「ひどい役所言葉でね」。

この様子は日本人としてこの裁判を目撃していた作家のルポによっても鮮やかに描かれています。

彼は、毎朝、ひげをきれいに剃り、ネクタイを正しくつけ、黒の背広を着て、防弾ガラスの箱のなかに入って来た。おびただしい書類を小わきにかかえこみ、すこし猫背になって入ってきた。二十年前はキザなくらい美貌で傲慢で、ヨーロッパ全土の各首都をわたり歩いてテーブルのむこうから尨大な数の死をふりまいた親衛隊大佐は、もう五十四歳になり、あらかた頭が禿げていた。ユダヤ人の検事総長が激情で体や頭をぶるぶるふるわせながら肉迫してくるのを彼はガラス箱のなかから、ぼんやりした、つめたいまなざしで眺め、自分がネロやアッチラやジンギスカンなどの名をあげてその末裔《まつえい》に擬せられるのを顔面神経痛で蛸《たこ》のようになった顔で聞いていた。

開高健「裁きは終りぬ」、『声の狩人』所収、岩波新書・光文社文庫

「怪物」でないことは誰の目にも明らかでした。そして、「官庁用語しか私は話せません」と自己弁護するように、紋切り型の文句を繰り返すばかりです。

「私は命令に従ったまでです」

「殺害するか否かはすべて命令次第です。事務的に処理したんです。私は一端を担ったにすぎません。ユダヤ人輸送に必要なその他の業務は、様々な部署が担当しました」

「今の私はジリジリと焼かれる肉の気分です。もどかしいからですよ。明らかに根拠のない件ばかりだからです」

「私は手を下してません」（いずれも映画の「採録シナリオ」より）

来る日も来る日も、午前中も午後も、あらゆる糾弾と質問に対して彼はつねに一つのことしかくりかえさない。もう三ヵ月以上も毎日毎日その言葉をつぶやきつづけて来た彼は、しかし、まったく倦んで疲れたようなそぶりを見せなかった。

開高・前掲書

アーレントも述べています。

彼の述べることは常に同じであり、しかも常に同じ言葉で表現した。彼の語るのを聞いていればいるほど、この話す能力の不足が考える能力――つまり誰か他の人の立場に立って考える能力――の不足と密接に結びついていることがますます明白になって来る。アイヒマンとは意志の疎通が不可能である。それは彼が嘘をつくからではない。言葉と他人の存在に対する、従って現実そのものに対する最も確実な防衛機構〔すなわち想像力の完全な欠如という防衛機構（独）〕で身を鎧っているからである。

『イェルサレムのアイヒマン』大久保和郎訳

そして一九六一年十二月十五日、死刑判決が下されます。アイヒマンは控訴しますが、翌年五月二十九日、再び死刑判決。三十一日、一切の恩赦請願が却下され、六月一日未明に刑が執行されます。遺体は火葬され、遺灰はイスラエル領海外の地中海に撒かれます。

処刑の直前に「最後に何か望みはないか」と尋ねられ、「ユダヤ教徒になる」と答え、理由を聞かれると、「これでまた一人ユダヤ人を殺せる」と言ったという逸話があります。あるいは、最期の言葉は、暮らした国の名を順に挙げて、「ドイツ万歳、オーストリア万歳、アルゼンチン万歳！」であった、とも。

アーレントが傍聴記の執筆にかかるのは、絞首刑が執行されたその夏からです。煙草をくゆらしながら、想をめぐらせる彼女の緊張感は映画の中でもリアルに伝わってきます。そもそも「ニューヨーカー」編集部に、エルサレム行きの企画を持ち込んだのは彼女のほうでした。名物編集長であるウィリアム・ショーンは一も二もなく承諾。「今世紀もっとも重要な本」である『全体主義の起原』を書いた〝あのアーレント〟が傍聴記録を書くというのだ、躊躇する理由などない、と。

しかし、実際に記事が掲載されるまでは、平坦な道のりではありませんでした。なかなか原稿ははかどりません。編集部からの電話に居留守を使ったり、不機嫌な様子で応答するアーレントの姿が映し出されます。さもありなん、と思いながら、私たち編集者は、苦笑しながら見るしかない場面です。

掲載は一九六三年二月十六日号から計五回に及びます。原稿を渡されたショーン編集長は、後に有名になるフレーズを読み上げます。

「時代の風は彼をつまらない無意味な平々凡々の存在から彼の理解したかぎりでの〈歴史〉のなかへ、つまり〈運動〉のなかへ舞上らせたのである」
「彼は自分のしていることがどういうことか全然わかっていなかった」

「完全な無思想性――これは愚かさとは決して同じではない――、それが彼があの時代の最大の犯罪者の一人になる素因だったのだ」

「悪の陳腐さ」と名づけたアーレントの分析を、ショーンは「独創的だ」と評価します。同時に、この論考が孕《はら》んでいる「地雷原」の存在にも気づきます。ホロコーストにおけるユダヤ人自身の責任――ユダヤ人自治組織の指導者が強制収容所への移送に協力したという指摘です。

「自分の民族の滅亡に手を貸したユダヤ人指導者たちのこの役割は、ユダヤ人にとっては疑いもなくこの暗澹たる物語全体のなかでも最も暗澹とした一章である」

映画の中では、この箇所をめぐってショーン編集長とアーレントが真剣な表情で対峙します。「憂慮」を口にするショーンに対して、アーレントは「事実よ」と反論。ショーンは沈黙します。

二〇一四年一月十六日

No. 573

「ハンナ・アーレント」その2

その原稿をチェックするという骨の折れる作業を担当したのはビル（ウィリアム・ショーン編集長・引用者註）だった。彼によれば、これは困難きわまりない作業だったという。というのも、彼女の手に負えないドイツ風の文章をわかりやすく直さなければならなかったからだ。アーレントはこの記事のなかで「悪の陳腐さ」という有名な表現を使い、結局、とんでもない物議をかもして、多方面から抗議を受けることになる。なかでも、撲滅の対象をユダヤ人に決めたナチのやり方に抵抗しようとしなかったユダヤ人自身も責めを負うべきである、という彼女の発言に対しては、囂々《ごうごう》たる非難が集中した。

リリアン・ロス『「ニューヨーカー」とわたし
――編集長を愛した四十年』新潮社

ふだんは編集作業のために書き手をオフィスに呼んで仕事をしていたショーン編集長ですが、この時ばかりは自らアーレントのアパートメントにまで出向いていきました。

いつものブリーフケースに傘、それに加えて五十ポンドはあろうかと思われる原稿と、作業中のゲラを携えて。「そのほうが彼女も作業がしやすいと思うんだ」とビルは言った。

前掲書

映画の中では原稿を前にしたショーンが、「さあ始めようか」とおもむろにメガネをかけ、〝腕まくり〟します。「ニューヨーカー」の伝統はといえば、書き手と編集者が共同で、細やかに、忍耐強く、慎重に原稿内容をチェックし、「文章の明晰さ、論理性、密度、文法、構成、反復語、英語の言葉の美しさへの追求」(同)を徹底的に行うところです。

とんでもない集中力と、恐ろしく時間を要するつらいプロセスです。けれどもこの作業を経ることによって、原稿は「見違えるほど素晴らしいものに」変貌し、「どの書き手も必ず成長する」と信じられてきました。今回もまた、その伝統の流儀が踏襲されました。

ところが、何週間にもわたって毎日その作業を続けたショーンは、「いつもへとへとに疲れきってアパートメントから出てきた」と、「ニューヨーカー」のスタッフ・ライターであり、ショーンとは四十年以上の愛人関係にあったリリアン・ロスは描いています。それというのも、「彼女と仕事をするのは非常に難しい、英語があまり上手ではないからね」というのです。

初めのころこそ彼女は協力的だった。ビルも彼女に会いに行くのを楽しみにしていた。……ところが、彼女と仕事をはじめてから何日か経ったある日、アパートメントから出てきたビルの顔は青ざめ、身体はぶるぶる震えていた。わたしがその手を握りしめると、氷のように冷たかった。

「ぼくの顔を見たとたん、彼女はわけのわからない怒りを爆発させて、ひどいことを言い出したんだ」と彼は言った。「あんなふうに人から罵られたのは生まれてはじめてだった。わけがわからない。われわれの編集方法は人をばかにしている、と言うんだ。こんなやりかたは馬鹿げている、と。なぜ粗探しに我慢してつきあわなければならないのか知りたいものだ、と。これ以上質問に答えたくはない、これ以上原稿に手を入れるつもりはない、と言ってひどく罵った、罵詈雑言《ばりぞうごん》を浴びせたんだ。どうすればいいのかわからなかったよ」。ビルは身体を震わせた。

前掲書

ここまで烈しい衝突場面は、映画の中には登場しません。けれども、アーレントならばさもありなん、という光景です。この記事の執筆、掲載がいかに困難で、かつ命がけの真剣勝負であったかを如実に物語るエピソードです。

「ニューヨーカー」という雑誌は、都会的で、お洒落な高級誌のイメージが強くありますが、ジョン・ハーシーの『ヒロシマ』(法政大学出版局)、トルーマン・カポーティの『冷血』(新潮文庫)、レイチェル・カーソンの『沈黙の春』(新潮文庫)といった作品は、すべてショーン編集長時代の同誌に掲載されました。ジャーナリスティックな意味でも時代を画する仕事が、ここから生まれていることがよくわかります。

ショーン氏は、「ニューヨーカー」の三つの原則を次のように語っています。

第一にジャーナリスティックであること、第二に文芸的であること、そして第三に美的であることさらに、こう述べます。

私たち編集者は自由をもっております。編集者が自由であるということは、すなわち書き手が自由であるということです。重要なことは、編集者が書き手たちに、彼らが書きうることを書き、最上の作品を書き、一番関心があることを書く厖大な自由を与えることなのです。私たちは、彼らが自分の行動に対してもっている熱狂的なものを引き出すように鼓舞し、奨励する義務があり、編集者もまた、その熱狂的なものを共有すべきなのです。編集者は、書き手たちが自ら関心をもつ主題について書き、書きたい方法で書くようにしむけ、彼らが可能なかぎり自分自身でありうるようにしむける義務があるのです。

「老雄ショーン氏、編集の真髄を語る」、粕谷一希『〈座談〉書物への愛』所収、藤原書店
初出は「東京人」一九八七年新春第五号

以上の発言は、一九八六年十一月二十六日、当時七十九歳だったショーン氏が、雑誌「東京人」(「ニューヨーカー」の向こうを張って創刊されました)の一周年記念インタビューに応じた時のもので

す。「巷間の噂では表に出ることを極端に嫌い、アメリカのジャーナリズムでもインタビューに成功した者はない」というショーン氏でしたが、「そうした事情なら、私は喜んでお会いしよう」と言って、創刊一周年のお祝いに花を添えてくれたのです。

さらにこのインタビューでは、ハンナ・アーレントの「考えること（Thinking）」を掲載した時のエピソードとして、「私は、たぶんそれが多くの読者を惹きつけることなどはあるまいと思いました。だけど、それをなにがなんでも出したいと思いました。なぜなら、それはじつにすばらしいものだったからです。そうすることが、一番読者を尊敬することになると思ったのです」と語っています。その一方で、「今では殆どの人が彼女のことを尊重しなくなりました。彼女が亡くなって以来、誰も彼女のことを話題にしなくなってしまいました」、「ハンナ・アレントのような人物は、もう現われなくなりましたね」とも述べています。

ショーン氏の中で終生、アーレントが知識人の理想として生き続けていた様子がよく窺えます。

さて、映画のハイライト・シーンは、その「ニューヨーカー」の記事が囂々《ごうごう》たる非難の渦を巻き起こし、すっかり孤立したアーレントが学生たちに向かって行う、最後の八分間のスピーチです。

「あのアイヒマンをごく普通の、ありふれた人間だと主張して、アーレントは彼を擁護した」「ユダヤ人指導者の責任を指弾し、ナチに協力しない別の選択肢があったはずだと言っている」「ユダヤ同胞への理解と思いやりを欠いている」等々――。親しかった友から非難され、罵詈雑言、誹謗中傷の言葉を投げつけられ、大学からは退職を勧告されます。それでも「絶対に辞めません」と峻拒《しゅんきょ》したアーレントは教壇に立ち、学生を前にして毅然と反論を試みます。それが八分間の渾身のスピーチです。

「彼のようなナチの犯罪者は、人間というものを否定したのです。そこに罰するという選択肢も、許す選択肢もない。彼は検察に反論しました。……〝自発的に行ったことは何もない。善悪を問わず、自分の意志は介在しない。命令に従っただけなのだ〟と」

「採録シナリオ」より、以下同

「世界最大の悪は、平凡な人間が行う悪なのです。そんな人には動機もなく、信念も邪心も悪魔的な意図もない。人間であることを拒絶した者なのです。そしてこの現象を、私は『悪の凡庸さ』と名づけました」

「人間であることを拒否したアイヒマンは、人間の大切な質を放棄しました。それは思考する能力です。その結果、モラルまで判断不能となりました。思考ができなくなると、平凡な人間が残虐行為に走るのです。……〝思考の嵐〟がもたらすのは、知識ではありません。善悪を区別する能力であり、美醜を見分ける力です。私が望むのは、考えることで人間が強くなることです。危機的状況にあっても、考え抜くことで破滅に至らぬよう」

こう述べて、アーレントは講義を締め括ります。学生たちからは拍手が湧き起こります。一方、ドイツ時代からの旧友には「期待してたんだ。君に分別が残っていることをね。だが君は変わってない。ハンナ、君は傲慢な人だ」「ユダヤのことを何もわかってない。だから裁判も哲学論文にしてしまう」「今日で、ハイデガーの愛弟子とはお別れだ」と訣別の言葉を告げられます。

こうして周囲の人が離れ、長年の盟友にさえ冷たく背を向けられます。彼女にとって「思考」の代償はあまりに大きかったと言わざるを得ません。傷つき、悲しみをかみしめながら、それでも彼女は信念を貫きます。自らもユダヤ人であり、あの時代を生きたドイツ人であるアーレントにとって、その生の証《あかし》である自分自身のかけがえのない思考は、決して手放すことのできないものでした。

「こうなると分かってても書いたか?」と夫が問います。彼女は答えます。「ええ、記事は書いたわ。でも友達は選ぶべきだった」。

映画は、この彼女の揺るぎなき姿――「考えるという、この人間に与えられた力への信頼」を描いて感動的です。「思考不能」だったアイヒマンとは対照的に、非難にさらされ、孤立に追い込まれても、思考への忠誠を貫く彼女の意志的な横顔には、バルバラ・スコヴァという女優なくしてはあり得ないリアリティを感じます。

見終えて夜の町に一歩踏み出した時、ひとつの場面がよみがえってきました。騒動が引き起こされることをほぼ確信していたショーン編集長が、批判を呼び起こしそうな問題の箇所について、アーレントにただします。「一つの解釈だろ」と編集長。「事実だわ」と突っぱねるアーレント。そこでショーン氏は口をつぐみます。その時の、彼の胸のうちを想像します。

「編集者の自由」という先述の言葉に、おそらく尽きるのだろうと思います。書き手たちが「可能なかぎり自分自身でありうるようにしむける義務がある」というひと言です。そこで自らを抑制し、踏みとどまることが、身についた職業倫理――「編集者の自由」だと考えたのでしょう。

もしこれをいまの日本に置き換えたとするならば、どういうケースにあたるのでしょう。誰の、どんな思考がそれに相当するのか。また、この時代の〝アイヒマン〟はどこに潜んでいるのだろうか。駅の構内の人の行きかいが、ひどく現実感をともなわない映像のように流れていました。

二〇一四年一月二十三日

No. 642

言葉に託された仕事

真夏の昼下がり、猛暑の中を有楽町のよみうりホールまで出かけました。毎年の恒例である「日本近代文学館　夏の文学教室」で、セルビア在住の詩人・翻訳家の山崎佳代子さんが、「旅する言葉、異郷から母語で」と題する講演を行うからです。

タイトルには、三十五年におよぶベオグラード暮らしに根ざした彼女の実感がこめられています。

二月十二日（木）帰り道のバスで考えていた。私の詩は翻訳詩ではない。裏と表、両方着られるセーターみたいな二つの言語の詩だ、と。あるときは日本語の言葉が、あるときはセルビア語の表現がパン種となって、光景は醱酵する。日本語で生まれた詩をたよりに、ふたたびセルビア語で詩を産みおとす、それからふたたび日本語に還る。

それは限りのない旅の言葉。

「痕跡――二〇〇四年」、『ベオグラード日誌』所収、書肆山田

北海道大学でロシア文学を学んだ後、一九七〇年代の終わりに、山崎さんは旧ユーゴスラビアへの留学を決意します。「大きな国」の言葉ではなく、「小さな国」の小窓から世界を見たらどういう表情が眺められるだろうか……。ユーゴが生んだノーベル賞作家イヴォ・アンドリッチの大河小説『ドリナの橋』に心を奪われます。

ところが、当時多民族からなる「モザイク国家」として非同盟諸国のユニークなリーダー的存在であったその国が、チトー大統領の死、冷戦の終結とともに民族間の対立を深め、一九九一年、激しい内戦に突入します。

国はやがてセルビア、ボスニア・ヘルツェゴビナ、コソボ、スロベニア、クロアチア、モンテネグロ、マケドニアの七カ国に分裂し、その過程で勃発したコソボ紛争（一九九六年～一九九九年）によって、セルビアのミロシェビッチ政権は国際的な非難の的となり、一九九九年、首都ベオグラードは、NATO軍による七十八日間の空爆にさらされます。

この間、旧ユーゴスラビアの各地から多くの人々が戦火を逃れ、平和の地を求めて、故郷を離れ

ます。そうした国内避難民が、いまなお各地の難民センターに居住しています。戦争の深い傷跡は人々の心から消え去るどころか、時間の経過とともに新たな問題となって浮上します。
こうした過酷な試練のただ中にあって、詩を書き、詩を訳すことで、自分は支えられ、生きてきた。日本語とセルビア語の間を行き来しながら、受難の中にも希望を見失わず、生きてきた――。山崎さんは落ち着いた声で、淡々と語りました。澄んだ響きに、すがすがしさを感じるほどでした。

静けさを両手に受けとめることが、今までにないほど、大切なときが、やってきた。黒い岩肌を伝う水の音、山鳥の囀り、森を吹きわたる風、栗鼠の呼吸、月の運行、胡桃のように大粒な星の光、そして海、子供、男と女……。その言葉ひとつひとつに胸をひらくことが大切なときが、還ってきた。ますます精巧な武器や機械に人間が囲まれてしまった今、という時代だからこそ。

前掲書「はじめに」

二〇一五年二月に読売文学賞（随筆・紀行賞）を受賞した『ベオグラード日誌』は、二〇〇一年から二〇一二年までの日常を日記形式で綴った作品です。講演では、この作品を書こうと思った背景について、いくつか印象に残る言葉を聞くことができました。空襲警報のサイレンや爆音に怯えた日々の記憶、コソボなどから逃れてきたセルビア人避難民たちの支援に携わった経験が、ひとつの確信を生んでいました。

欧米のメディアが創り出す大きな物語の前では、ひとりひとりの人間のささやかな真実は何ほどのものでもありません。記事化されて国際世論を動かすこともあり得ません。であればこそ、自分はその小さくて、かけがえのない出来事を記録に留めよう。戦争を背景にした時、人は何を感じ、何に喜びを見出し生きていくのか。書き留めておけば、いつかそれを読む人が現れるにちがいない。自分はむしろこの素晴らしいテーマを与えられたのだ、戦争の中を生きている人たちの強さ、優しさに教えられているのだ、と。

いくつかのエピソードが紹介されました。ひとつはコソボからの難民センターを訪れた時のこと。赤ちゃんのいる家族を訪ねたところ、部屋の片隅に揺り籠が置かれていました。逃げる日に何ひとつ持ち出せなかったけれど、先祖代々、家族に伝わる揺り籠だけは持ってきたのだ、といいます。「私も赤ちゃんのとき、ここで眠ったのよ」と、わが子をあやしながら若い母親が語ったというのです。

ある女性教師は、難民となって村を後にする時の心境を語りました。「私は大きな海の中のひと粒の涙になったみたいだった」。山崎さんは驚きます。それはまるで、谷川俊太郎さんの「黄金の魚」の詩句と同じではないか、と。

「黄金の魚」

おおきなさかなはおおきなくちで
ちゅうくらいのさかなをたべ
ちゅうくらいのさかなは
ちいさなさかなをたべ
ちいさなさかなは
もっとちいさな
さかなをたべ
いのちはいのちをいけにえとして
ひかりかがやく

しあわせはふしあわせをやしないとして
はなひらく
どんなよろこびのふかいうみにも
ひとつぶのなみだが
とけていないということはない

パウル・クレー×谷川俊太郎『クレーの絵本』所収、講談社

山崎さんは思います。文学の言葉もまた、おそらくこうしてさまざまな人生を〝いけにえ〟にしながら生まれてくるのかもしれない……。

雪に埋もれたある難民センターを訪ねた時、詩のワークショップで谷川さんの「黒い王様」という詩のセルビア語訳を朗読しました。すると、八歳の元気な男の子が言ったそうです。「僕は太陽の子供だ。だから、燃え尽きることがない。僕は、みんなをあたためる」。難民の子の何と力強い返歌だろう——。

文学は別に高尚なものでも何でもなく、実は生活の中にこうして織り込まれている。そういう言葉を、自分は授けられている。小さな出来事の記録を続けていこうと思ったのは、そんな出会いが続いたからだといいます。

……そんな山崎さんの言葉が耳に残っていたからです。出たばかりの『日韓併合期ベストエッセイ集』（鄭大均編、ちくま文庫）という本を手に取りました。日韓併合期というのは、一九一〇年、日本が韓国（大韓帝国）を併合し、三十五年間におよぶ支配をした時代を指します。近年、韓国では「日本帝国主義が強制的に占領した時期」という意味で、「日帝強占期」と呼ぶそうです。創氏改名（日本が皇民化政策の一環として、朝鮮人の固有の姓名を日本風に改めさせようとした政策）に代表される、日本の悪政、蛮行によって民族の誇りを踏みにじられ、国の富を収奪された時代、という恨みがこめられています。

この本はその時期にふたつの国の間を行き来した人々が、「海の向こうで見たり、感じたり、考えたりした」痕跡を、選りすぐりのエッセイの中にたどろうとしています。とげとげした対立感情ばかりが際立つ昨今の両国関係に一石を投じたい意図があるのは、言うまでもありません。

本書を読んでなにを感じ、考えるかは読者の自由だが、多くの読者が抱くのは、日韓併合期のこの時代が、今日私たちが考えるほど、良い時代でも悪い時代でもなかったのだという印象ではないだろうか。それでいいのだと思う。この時代についてよく語られるのは「搾取」

や「収奪」といった暗い話だが、それはこの時代を構成する無数のお話の一部に過ぎないのであって、あたりまえの人間のあたりまえの日常が無視されている。本書はそういうあたりまえの日常を復権させる試みであると同時に、それ以上の鉱脈を見いだそうとするものでもある。私たちは、どのような時代やどのような社会に住んでいても、「良いひと」に出会い、「美しいもの」に出会うことができる。本書に収録されているいくつかの作品をとおして、あの時代には、今日の日本や韓国には失われた「良さ」や「美しさ」があったのだということに気づいてもよいのである。

前掲書・編者「序文」

全部で四三編の作品は二一人の筆者によって書かれています。内訳は日本人が一六人であるのに対して、韓国人は五人。明らかに偏っています。というのも、在日韓国人一世には「文字を知らない」人たちが多かったため、話し言葉で自分史を語った人はいても、書き言葉でそれを残した人はまれだという事情があるからです。この非対称性はやむを得ないにせよ、残念です。

難しい評論や小説ではなく、気軽なエッセイを通して、その頃の日本人や朝鮮人の心情を探ろうという狙いは的確です。いまやほとんど忘れ去られ、顧みられることもない領域です。四三編は、実際どれも初めて読むもので、新鮮でした。

書き手の一人である、夏目漱石の門下生だった安倍能成《よししげ》は、旧制第一高等学校の名校長として、また戦後は学習院の院長として名を馳せた人物です。欧州留学を終えた後、一九二六年から十五年間、京城帝国大学教授として京城（現ソウル）に住んでいました。そしてこの町を実に精力的に歩き、ヨーロッパ、日本、韓国という「三角測量的な視点」で、多くのエッセイを書き残しています。

この安倍によって愛惜されている浅川巧《たくみ》という人物も、まさに「こんな日本人がいたのか」と驚嘆させられる逸材です。林業技師として「朝鮮の山を青くする仕事」に情熱を傾ける一方で、朝鮮の陶磁器に並々ならぬ理解と愛情を注ぎます。彼自身のエッセイ（「金海」）は、まるで短編小説のような興趣に富む一編です。目を洗われるようでした。

とはいえ、やはり興味深かったのは、韓国人の書き手による作品でした。『日本帝国と大韓民国に仕えた官僚の回想』（ちくま文庫）の著者である任文桓《イムムナン》、北原白秋との親交を持ち、朝鮮の詩を日本に紹介した金素雲《キムソウン》、朝鮮焼肉を日本に広めたモランボンの全鎭植《チョンジンシク》らの回想はいずれも気概にあふれ、面白いエッセイです。

金史良《キムサリヤン》という作家は、同人誌「文芸首都」に参加し、若くして芥川賞候補にも上った人です。李《イ》孝石《ヒョソク》は早逝の作家ですが、いまも彼の名前を冠した文学賞が韓国には存続しています。日本語で書かれた五篇が収録されていて、この人の端正な文章はもっと読みたくなりました。

樹木と相対すると、一つの霊と向い合っているような気がする。語らないけれども、一つの意志を伝えて来て、いつの間にか心が触れ合い、共感と同情が生れ安らかな静謐と平和の境地に浸るようになる。その上、樹という樹はすべて、如何なる人為的なものにもまさる、美しい形とみごとな風貌を具えている。凡そ自然の創造《つく》ったものの一つとして美しくないものはないが、樹木は中でも最も恵まれたものであろう。任意の樹の、どの枝、どの葉でもいい、一つとして、例えば人為的などんな美しいものよりも、劣ることは絶対にない。人が人に対する時ほど、疲れるものはない。人間の心理の去来は蜘蛛の巣のようにも錯綜していてお互こころのさぐり合いをしたり、智慧のくらべをしたりするうち、神経の疲れが来、感情の浪費を余儀なくされる。樹木に対する時はそれがない。心は清らかに澄み、只美感と共感が生れるばかりである。巷間の人間事に疲れた時帰るべき処は、樹木の世界よりほかはない。

李孝石「樹木について」

山崎佳代子さんは、詩とは何か、と問われて「一番深い闇の中から発する幽かな光、それが詩」

と答えています。

李孝石の作品を読めば、日本語と朝鮮語のふたつの言葉の世界を行き来しながら、自由な精神でこれほどの日本語表現をなし遂げたことに驚きを禁じ得ません。人と人とをつなげる力。言葉に託された「小さくて、かけがえのない」仕事の重さを感じます。

二〇一五年七月三十日

第7章

生命はこうしてつづきゆく

記者たちの自問自答

先日、菊池寛賞の授賞式が行われ、ふたつの地方新聞社――石巻日日新聞社（宮城県石巻市）と河北新報社（宮城県仙台市）が受賞者に名を連ねました。「3・11東日本大震災で被災、数々の困難に直面しながら、地元新聞社としての役割と責務をそれぞれの報道において果たした、そのジャーナリズム精神に対して」という受賞理由でした。震災に直撃され、新聞発行がほぼ絶望視されるような被害を受けながら、両紙はともに強い使命感のもとに、情報に飢えた地元住民たちの暗い足元を照らす明かりのような存在であり続けたのでした。

石巻日日新聞は震災の翌日から手書きの「壁新聞」を発行したことで話題を呼びました。米紙ワシントン・ポストがその奮闘ぶりを報じ、それを読んだワシントンにあるニュースの総合博物館「ニュージアム」

が、壁新聞の展示を行ったことでも注目を浴びました。石巻市、東松島市、女川町《おながわ》を販売エリアとする日刊夕刊紙で、発行部数は約一万四〇〇〇部（震災発生前）。記者はわずかに六人という所帯ですが、来年の創刊百周年を前に「休刊はしたくない」という意地と、「今、伝えなければ、地域の新聞社なんて存在する意味がない」という衝き動かされるような思いから、手書き壁新聞の発行を決めました。津波で社屋が浸水し、輪転機が作動せず、パソコンが使えない状態でも、「紙とペンさえあれば」新聞は出せると陣頭指揮に立ったのは社長自らでした。

壁新聞が、実際に避難所やコンビニなどに号外として貼り出されたのは、三月十二日から十七日までの六日間で、その壮絶な日々の様子は『6枚の壁新聞――石巻日日新聞・東日本大震災後7日間の記録』（角川SSC新書）が時系列的に伝えるところです。「津波に飲み込まれながら、浮流物につかまり一晩漂流したのち、翌朝ヘリコプターで救出された記者」、「車で逃げる途中、渋滞のために車から飛び出したところ、津波に後ろから追われ、走って山の上に逃げて生き延びた記者」、そして押し寄せる津波の濁流に囲まれて、社屋に残った社員たち。それぞれが生死と向き合う苛烈な状況から、いかにして力を合わせ、手書き壁新聞の発行に奔走したかという記録です。

一方の河北新報は創刊が一八九七年。社員五六〇人を擁し、東北地方を代表するブロック紙です。「河北」は「白河以北」を意味し、「白河以北一山百文」（白河の関より北の地域は、一山が百文の値打ちしかない荒地ばかり）という明治維新以来の侮蔑的な表現に反撥《はんぱつ》して、「東北振興」と「不羈《ふき》独立《どくりつ》」を社是に掲げたのがルーツといいます。創刊以来、無休刊を宣言し、今回も「紙齢は絶やさない」という伝統を引き継ぎ、全力で新聞の発行をめざしました。その闘いを詳述した『河北新報のいちばん長い日　震災下の地元紙』（文藝春秋）を読むと、石巻日日新聞と同様に、新聞のもつ根源的な意味と力について改めて考えさせられます。ふだん東京で全国紙しか読んでいない私たちにとっては、地域に視点を据えた地元紙の果たす役割についても目を開かれる内容です。

河北新報は、かろうじて本社ビルが持ちこたえたものの、組版のシステムに致命的な打撃を受け、新潟日報の助けを得てようやく新聞発行に漕ぎつけました。阪神・淡路大震災の時、神戸新聞が「緊急事態発生時の新聞発行援助協定」にもとづき、京都新聞に協力を仰いで難局を切り抜けたのと同様です。

河北新報社長は震災発生直後、すぐに対策会議を招集し、全社員に対して議論を公開すると同時に、情報の共有と集約・伝達の仕組みを作ります。冷静な指揮ぶりは水際立っており、「われわれは地域の住民に支えられて百年以上、この地で新聞を出すことができた。その住民が大震災で苦しんでいる。今こそ恩に報いる時だ」と会議を締めくくっています。そして、震災発生から三日目は日曜日でしたが、月曜朝刊まで「二十四時間の情報ブランク」を生じさせることは絶対に避けたい

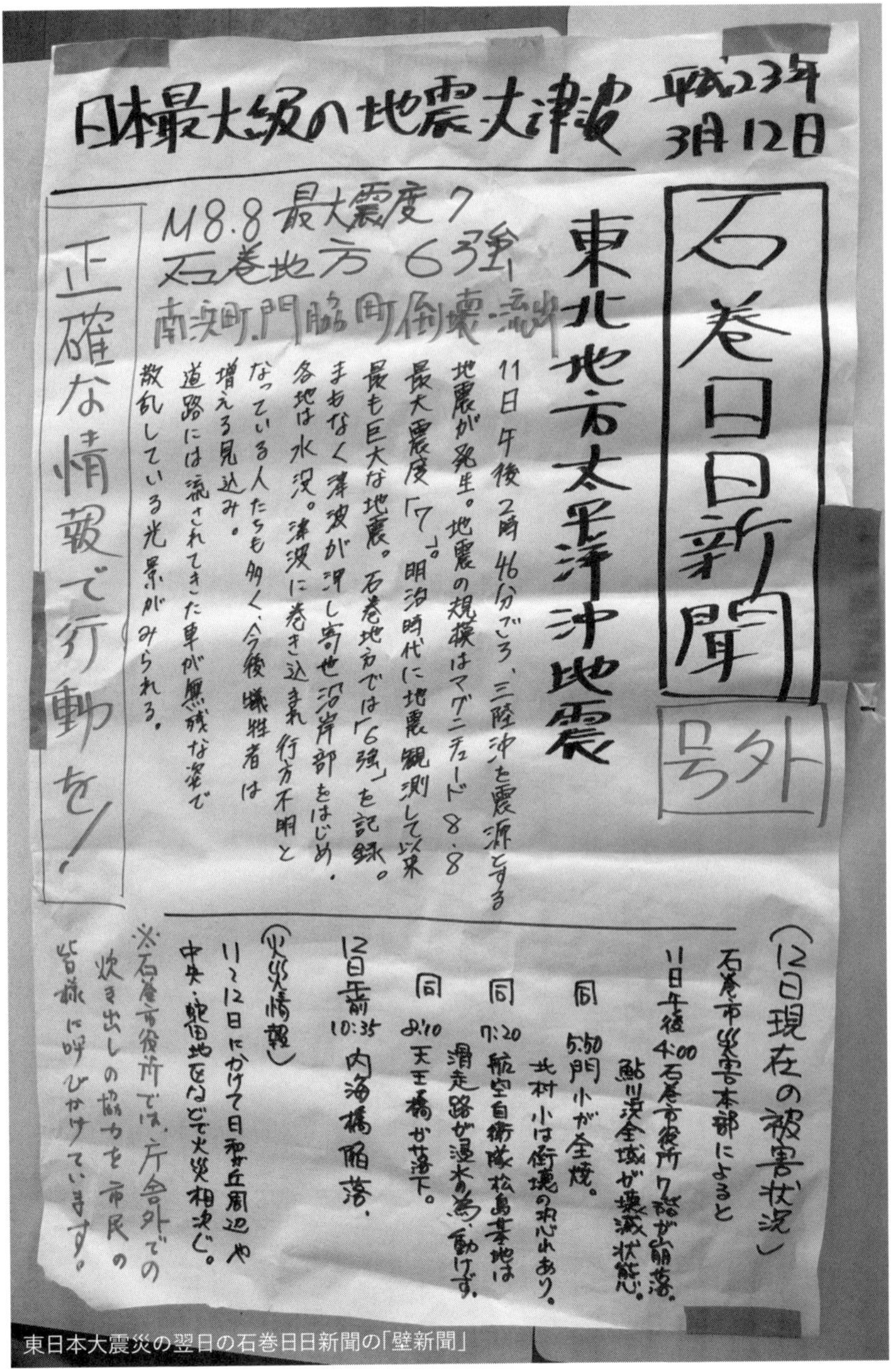
日本最大級の地震・大津波　平成23年3月12日

石巻日日新聞　号外

東北地方太平洋沖地震

M8.8 最大震度7
石巻地方 6強
南浜町.門脇町倒壊・流出

11日午後2時46分ごろ、三陸沖を震源とする地震が発生。地震の規模はマグニチュード8.8最大震度「7」。明治時代に地震観測して以来最も巨大な地震。石巻地方では「6強」を記録。まもなく津波が押し寄せ沿岸部をはじめ各地は水没。津波に巻き込まれ行方不明となっている人たちも多く、今後犠牲者は増える見込み。道路には流されてきた車が無残な姿で散乱している光景がみられる。

正確な情報で行動を！

（12日現在の被害状況）
石巻市災害本部によると
11日午後4:00 石巻市役所7階が崩落。
鮎川浜全域が壊滅状態。
同 5:50 門小が全焼。
北村小は倒壊の恐れあり。
同 7:20 航空自衛隊松島基地は滑走路が浸水の為、動けず。
同 8:10 天王橋が落下。
12日午前10:35 内海橋陥落。

（火災情報）
11〜12日にかけて日和が丘周辺や中央・門脇地区などで火災相次ぐ。

※石巻市役所では、庁舎外での炊き出しの協力を市民の皆様に呼びかけています。

東日本大震災の翌日の石巻日日新聞の「壁新聞」

と考え、日曜夕刊の発行も即座に決定しています。

しかし、本社はまだしも、沿岸部にある支局は流失その他の壊滅的な被害を受け、取材するにも交通網がすべて麻痺している状況でした。それでも、十一日夜、号外一万部が刷り上り、仙台市内の避難所を中心に配付されます。停電でテレビが見られず、インターネットも使えない中で、人々は奪い合うようにして手に取り、そこで初めて災害の凄まじさを知ることになるのです。

十三日朝刊。気仙沼市街地で取材中に津波に巻き込まれ、九死に一生を得た二十八年目の古参記者が、寒さでかじかむ手で書いた「津波遭遇体験ルポ」が掲載されます。「白々と悪夢の夜は明けた。湾内の空を赤々と染めた火柱は消えていたが、太陽の下にその悪夢の景色はやはりあった」――手書き原稿はコピーし損じの二枚の紙の裏面にエンピツで書き込まれ、ホチキスでとじられていました。それを仙台まで若い記者が車で運び、締切時刻に間に合わせたものでした。

新聞を届ける販売店の打撃も深刻でした。しかし、店も自宅も流された宮城県女川町の販売店主は、新聞を食い入るように読んでいる被災者の熱いまなざしを見て、「絶望しているヒマはない。俺は新聞を届け続けよう」と、全身に使命感がみなぎったと証言しています。記者たちも、家族の安否や自分たちの問題は二の次にして、現場に足を踏み入れ、被害の凄まじさに絶句しながら、懸命に「被災者に寄り添う」震災報道をめざします。

ただ、被災者と間近に接すれば接するほどに、記者たちは悩み、迷い、自問自答を繰り返すことになりました。震災による県内の死者が、おそらく万単位になるであろうと述べた宮城県知事の発言。これを十四日朝刊の一面トップにする時、整理部記者は苦しみます。「死者万単位に」が順当な見出しであるとしても、被災者がこの字面をどう受け止めるだろうか。悩んだ末に、彼は「犠牲『万単位に』」と改めます。それがはたして正しい判断だったのか、どうか……。

あるいは共同通信がスクープ写真として配信してきた七枚の組み写真。南三陸町の三階建てビルが津波に呑まれる瞬間を連続撮影したものです。津波が押し寄せる直前の一枚には、防災服にヘルメット姿の町職員ら約三〇人がビル屋上に避難している様子が写っていました。その次のカットでは、ビル屋上に波がかぶり、避難者が無線塔によじ登ったり、フェンスにしがみついたりしてこらえています。人数は三〇人が一〇人ほどに減っていました。

「津波が人々の命を奪った瞬間をこれほど生々しくとらえた写真はない。……これを掲載しない手はないだろう」――報道部のデスクたちは掲載に積極的でした。「いかに凄惨なシーンであっても、事実を伝えるのが報道の使命」だという立場に立てば、正しい判断です。しかし、地域でもっとも読まれている影響力の大きい地元紙が、この写真を載せたらどういう反響を呼ぶだろうか。さんざん悩んだ末に、編集局長は「掲載見送り」の断を下します。他の多くの加盟社が、翌日の紙面でその写真を使用したのとは、対照的な結果となりました。

ヘリに乗って空撮をしていた写真部カメラマンの証言もあります。震災翌日の早朝、福島空港から被災地上空をめざして飛び立ったヘリに乗り込んだ彼は、石巻市上空に来た時、ある光景を目にします。

小学校の屋上に「ＳＯＳ」の文字が見える。白紙を並べて文字を作ったのだろう。救出を待つ人々がヘリに向かって腕を振って大声で叫んでいた。周囲は浸水している。手を差し伸べたいが、何もできない。無力感で折れそうな心を抱えながら、上空を旋回して写真を撮り続けた。

「ごめんなさいね、ごめんなさいね、ごめんなさいね……」

突然、隣席に座る中日（新聞・引用者註）のカメラマンがつぶやきはじめた。

「僕たちは撮ることしかできない。助けてあげられないんだ……」

河北新報社『河北新報のいちばん長い日』

ヘリに向かって必死に手を振り、救助を求めていた人たちの「その後」の真実が判明したのは、約二カ月後のことでした。学校まで避難した周辺住人や教員、児童ら約六〇〇人は、そこで孤立したまま、ヘリが飛び去った後の数日間、飢えと寒さに襲われながら過ごしていたのです。避難者は一三〇〇人にまで膨れ上がったといい、医療チームが救命に派遣されたのは一週間後のことでした。空撮したカメラマンにとっては想像を絶する「その後」でした。

「新聞に写真が載れば自衛隊や警察の目に留まり、速やかな救出活動につながるのではないか、そうすれば間接的にも人命救助に貢献したことになる……そんな思いで自分の気持ちを割り切っていたのだが、現実は遥かに厳しいものだった。医療チームが入るまで相当な時間がかかり、あの写真が結果として無力だったことが分かった。いったい報道とは何だ？　俺の仕事は本当に人の役に立っているのだろうか？……」

前掲書

社の退避命令を受けて、いったん福島を離れた記者たちの声も痛切です。上司の元に歩み寄り、「俺は福島勤務の記者です。現地に行き、腰を据えて取材に取り組まないと、報道機関の責務を果たせないような気がするんです」と、福島帰還を訴えた記者。ある女性記者も「なぜ福島を離れたのだろうと深く悔やんでいる。記者失格だ」と日記に綴り、上司に改めて現場復帰を訴え、許可されます。「何でもいいから戻りたい。このまま戻らないと、一生立ち直れない」。

しかし、震災から五カ月後に、この女性記者は記者の仕事に区切りをつけました。「今回福島を離れた私の姿は、自分がこれまで追い求めた理想の記者像とあまりに懸け離れ、その落差に言いようのない絶望感を覚えました。自分の中の弱さ、報道の使命、会社の立場……それらいろいろな因子の折り合いをつけて前に進むのが記者なのかもしれません。でも、一度福島を去った私にはそう割り切ることができなかった。震災後をどう生きていけばいいのか、記者の立場を離れた一人の人間として考えようと思いました」。

「そもそも報道とは何なのか？」――この本の締めくくりは、記者たちを指揮した報道部長のこの言葉で結ばれています。おそらく、それに対する明確な答え、正しい解はないのだろうと思います。「初日より、取材を重ねた日々の方が、つらさや痛みが募った」という記者が多かったように、取材対象に寄り添おうとすればするほど傷つき、個々人が葛藤を抱えながら、ペンを執り、カメラを向けて立ち向かうしかなかったのでしょう。

それで思い出すのは、阪神・淡路大震災の時の、被災記者たちの闘いを描いた『神戸新聞の

100日』（角川ソフィア文庫）です。あれも凄まじい本でした。未曾有の大災害に巻き込まれながら、それでも（それだからこそ）「何としても新聞を出せ」という社長の叱咤激励の下、あらゆる困難を超えて紙面を制作し、それを読者に送り届けた姿には胸を打たれました。とりわけ驚かされたのは、被災の程度、家族の安否、周辺の状況の違いこそあれ、社員が続々と会社をめざして急ぐ姿でした。

さまざまな事情を抱えながら、瓦礫《がれき》と大渋滞の波を越え、記者たちは徒歩で、自転車で、ミニバイクで、ヒッチハイクで、それこそ群がるようにして三宮の本社に集まってきた。もちろん編集局だけではない。総務、経理など管理部門、販売、広告、事業、制作、印刷など、すべての部門の多くの社員が社を目指した。火災で自宅を失いながら後方支援に徹した社員がいたし、全壊家屋の中から娘を救い出してから社に駆け付けた者もいる。離れて住む家族の安否が分からないまま、勤務を続けた社員も少なくない。災害時の行動マニュアルがあったわけではないし、そんな訓練をしたこともなかった。なにが社に足を向けさせたのだろうか……。

神戸新聞社・前掲書

この問いには、実はほとんどの社員が「分からない」と首をひねったといいます。当時の編集局長自身も、「とっさの思い付きだが」と断った上で、こう語っています。

「使命感、記者魂、愛社精神……それはあっただろう。だが本当に我々を奮い立たせたものは、もっと本能に近いものだったのではないかという気がする。人間が死ぬかもしれない危機的状況に陥った時、生きるためにもがくのに似ている。新聞が発行できないということは、新聞社の終焉《しゅうえん》を意味する。生きるために、新聞社の細胞であり、器官であり、手足であるすべての社員が本能的に動いた。新聞人としての本能が働いたとしか言いようがない」

前掲書

報道とは何か？　改めてその問いの前に立たされたのが二〇一一年でした。その問いは今もまだ、いや一層重みを増して引き継がれています。

二〇一二年一月五日

No. 637

広島に歳はないんよ

堀川惠子
『原爆供養塔　忘れられた遺骨の70年』
（文藝春秋）

かつては広島有数の繁華街であった爆心地一帯が、分厚いコンクリートで塗り固められ、平和記念公園として整備されたのは一九五四（昭和二十九）年のことです。私が生まれた翌年です。その頃から六〇年代半ば過ぎまで、祖父母の家のあったこの町へ、年に二～三回は通いました。原爆死没者慰霊碑にも資料館にも時折出かけ、原爆のもたらした惨状については、多少なりとも知っているほうだと思っていました。

「君はヒロシマで何も見ていない、何も」
「私はすべてを見たわ、すべてを」

アラン・レネ監督の「二十四時間の情事（ヒロシマ・モナムール）」のあまりにも有名な冒頭の台詞です。

自分が「ヒロシマを見た」と本当に言えるのかどうか。本書を読んで、やはり何も知らなかった、と改めて認めざるを得ませんでした。深いため息に襲われます。

おそらく九〇年代の初め頃だったと思いますが、原爆死没者慰霊碑から少し離れた場所で、八月六日のありさまを語り聞かせる女性の姿をテレビ番組が伝えていました。彼女がその前に立つ「原爆供養塔」というものの存在は、それまでまったく知りませんでした。

平和記念公園の片隅にある小山のような塚。地元の人からは「土饅頭《どまんじゅう》」と呼ばれている円墓で、天辺には石塔が置かれ、地下には約七万人の引き取り手のない原爆被災者の遺骨が納められています。丹下健三設計のモダンな原爆死没者慰霊碑や資料館に比べると影がうすく、私が気づかなかったのも無理はないかもしれません。観光客の見学コースからも外れ、訪れる人もまばらです。番組では修学旅行生とおぼしき子どもたちを前に、その女性が原爆投下直後の凄まじい光景を説明しているところでした。

本書はその語り部、佐伯敏子さんの半生の記から始まります。広島テレビ放送の記者だった著者は、「原爆供養塔に行けば必ず会える」と言われていた佐伯さんと、一九九三（平成五）年に知り合います。それまで三十五年間、喪服姿で毎日ここへ通い、あたりを掃き清め、誰に頼まれたわけでもないのに「墓守」を続けてきた佐伯さんは、「広島の大母《おおかあ》さん」として知られていました。ある時期からは、求められれば修学旅行の子どもたちに、自らの体験や墓の由来を語っていました。

昭和二十年八月六日午前八時十五分。爆心地から離れたところで難を免れた佐伯さんは、母親を探しに被爆直後の市内に入ります。そのため、二次被爆で放射能を浴びた臓器は、後にことごとく病に冒されます。歯がボロボロ抜け落ち、身体はいつも鉛《なまり》のように重く、いたるところにメスが入って満身創痍《まんしんそうい》。残された時間はそう長くないと覚悟した彼女が、自宅の机に向かって「遺書」ノートを書き始めたのは、奇しくも原爆供養塔が平和記念公園に再建された昭和三十年八月六日からでした。

敏子には、死ぬ前に、どうしても息子たちに書き残しておきたいことがあった。

復興の進む広島の町はすっかりきれいになって、今ではまるで何事もなかったような顔をしている。しかし、自分の目の前で繰り広げられた一族一三人の悲惨な死、遺骨まで燃やし尽くされた家族の存在。今はもう誰も口にすることのないそれらの事々はすべて、ほんの一〇年前、本当に広島の町で起きたことなのだ。

三人の息子たちは、今はまだ小さくて興味は持たないだろう。それでも大人になればきっと、母のことを思い出し、読んでくれる日がくる。そんなすがるような思いで毎夜、筆をとった。

「遺書」の完成には三年の歳月を要しました。そんなある日、平和記念公園に足を向けた彼女は、その片隅に「土饅頭と呼ばれる塚」を発見します。「地下には、原爆で亡くなった何十万もの人たちが遺骨になって安置されている」と聞きます。手を合わせる人もほとんどいない塚でしたが、草を抜いたり、周りの掃除をして、「無心で身体を動かしていると、心まで落ち着くような」気がしました。これがいつしか日課となりました。

供養塔に通い始めた十三年目の春に、大きな転機が訪れます。広島市から地下室の鍵を預かっていた人物が、日参する佐伯さんの人柄を信頼して、地下室の合い鍵を渡したのです。翌日から、外周りの掃除を終えると、遺骨を入れた木箱がびっしりと並ぶ地下室に足を踏み入れるようになりました。そこで約二二〇〇人の人名録があるのを発見します。骨箱の番号とそこに納められた遺骨の名前、住所、その他の情報を書き取ったものでした。

彼女はその名簿を筆写し、骨箱を点検し、わずかな手がかりから遺族を探し始めます。遺骨を家族のもとに返す作業を、一人で黙々と始めます。こうして半年の間に一〇人の遺骨が遺族のもとに返還されました。その姿勢に行政もようやく重い腰を上げ、ここから多くの身元が判明していきます。本書の前半は、この稀有なる墓守の半生がつぶさに描かれます。

その佐伯さんが一九九八年末に病に倒れ、人前からぷっつり姿を消しました。東京でフリーのジャーナリストになっていた著者は、彼女の行方を探します。再会を果たすのは二〇一三年の春。老人保健施設に入り九十三歳になっていた彼女は、視力を失い、歩くことはできなくなっていました。

久しぶりに再会した日、佐伯さんはベッドの上で語り続けた。まるで心の内に溜めていた思いの丈《たけ》を吐き出すように、原爆供養塔のこと、正確にはその「地下室」のことを何度も繰り返した。……

遺骨となった死者たちは、あの地下室に無縁仏として置かれたまま。その遺骨の上に今、七〇年という歳月が流れようとしている。想いは募《つの》れども、自分ではもう一歩も歩くことすらできぬ無念さが、歳《とし》を重ねた佐伯さんの心を激しく揺さぶっていた。

小さな身体から絞り出すようにして発せられる、彼女の言葉が強く響きます。

——「今じゃ、みんな広島の中心は原爆慰霊碑じゃと思うとる。そりゃあ無いよりはましじゃけど、——

本当は遺骨がある場所が広島の中心よね。みんなあそこを平和公園というけれど、本当は平和な場所なんかじゃないんよ。静かでのどかな場所に見えるけど、供養塔の地下室は、あの日のまんま。安らかに眠れというけれど、安らかになんか眠りようがないんよ」

「生きている人はね、戦後何年、何年と年を刻んで、勝手に言うけどね、死者の時間はそのまんま。あの日から何にも変わってはおらんのよ。年を数えるのは生きとる者の勝手。生きとる者はみんな、戦後何十年と言いながら、死者のことを過去のものにしてしまう。死者は声を出せんから、叫び声が聞こえんから、みんな気付かんだけ。広島に歳はないんよ。歳なんかとりたくても、とれんのよ」

佐伯さんのその思いを引き継ぐかのように、「原爆供養塔納骨名簿」に記されている八一六人分の遺骨のうち、名前だけでなく、本籍や年齢、勤務先など具体的な情報が記載された遺骨の身元探しに、著者自身が乗り出していくところが本書の後半です。名前だけならともかく、住所や番地までわかっている遺骨なのに、なぜ引き取り手が現われないのか。そんな疑問から始まった取材は、行政やプライバシーの壁、何より七十年の歳月という大きな障害に阻まれて、容易に先へは進みません。手がかりが得られぬまま、半年も徒労を重ねているうちに、一つの疑問が湧いてきます。納骨名簿に記されている内容は、本当に正しいのか、と。

ここからが、著者の本領です。死刑囚の問題に肉迫した一連の著作（＊）で示した粘り強い取材と執念が、今回も知られざる事実を明らかにしていきます。名簿に記されていた当人が「実は生きていた」というミステリーまがいの発見もあれば、朝鮮半島から日本に来ていた被爆者の問題にも突き当たります。通名（日本名）と朝鮮名という二つの名前があったために、該当者が特定できなかったというケースです。

また、本土へ強制移動させられた沖縄県民がいました。沖縄戦直前までの約半年間に、高齢者、女性、学童ら約一〇万人が、政府の指示で疎開しています。「やがて戦場となる沖縄から足手まといになりかねない人間を排除して食糧を確保する」という軍の作戦を優先した強制退去でした。そこに生まれた悲劇のひとつが、児童八〇〇人を含む一五〇〇人が犠牲となった疎開船「対馬丸」の事件です。一方、多くの若者がこの時期に召集され、軍事拠点である広島にも送られました。広島、長崎で被爆した沖縄県民が多く存在している理由です。

ところで、納骨名簿というものがそもそもどうやって作られたのか。焼き尽くされ、放射能に汚染された死の町で、生死の境をさまよう被爆者から、名前や住所を聞き取ったのは誰なのか——。

明らかになったのは、本土決戦の特攻要員として全国の農漁村から来ていた少年兵たちが、その役割を担ったという事実です。爆心の町へと送り込まれ、劫火《ごうか》の中で遺体の処理にあたり、まだ息のある人たちが集められた救護所で、瀕死の被災者から名前や住所を必死で書き取ったというのです。

話す方言も異なり、広島の地名もよく分からぬ一〇代の少年兵が、見知らぬ地で息も絶え絶えの重傷者から必死に身元を聞き出す。そこに間違いが生まれることに何の不思議があろうか。

「おうとるほうが、不思議よね」と語る佐伯さんの言葉が腑に落ちます。

「……遺族が分かるということのほうが奇跡なんよね……。（中略）……二〇〇〇柱、名前の分かっとる遺骨があって、その中のたった一〇人とか二〇人くらいしか、本当の真実はないかもしれん。だからといって、それを捨てることはできんのよ。死者を見捨てることは、できんのよ。名前や住所が違うとるのは、生きている者のしわざじゃから。あそこに眠る死者たちはみんな、息をひきとる前に家族のもとに帰りたいと思いながら、自分の名前や住所を伝えていかれたんじゃから。その気持ちを考えるとね、知ってしまった人間として知らんふりはできんのよ」

八月六日、焼き尽くされた死の町にどういう人たちがいたか。一〇万、二〇万という概数で語られる死者ではなく、「ひとり」の死者に向き合おうとする時、予想もしなかった真実が浮かび上がってきます。これまで知り得なかった死者たちの人生、声にならない死者たちの叫びが浮かび上がります。

再会の日に、佐伯さんは著者に言いました。「死者の本当の気持ちにふれてしもうたんじゃ。じゃから、自分がこれからどうするか、自分の頭で考えんといけんよね」。そして、遺骨の行方を追った旅の報告を聞き終えると、念を押すように何度も繰り返して言いました。「知った者は歩き続けなくてはならないのよ」、「撒《ま》いた種はいつか芽が出てくるからね」と。

歴史は生き残った者たちの言葉で語られる。しかし戦争の最大の犠牲者は、言葉を持たぬ死者たちだ。あらゆる戦場において、家族への最期の言葉も、一言の文句も哀しみも、何も言い残すことすら許されず殺されていった人たちの存在こそ、今、私たちが立ち戻るべき原点である。

……「死」はいつも誰にとっても、厳しく残酷だ。それが戦場であればなおさらである。みな、生命の最期の一滴が零《こぼ》れ落ちる間際まで、死にたくない、もっと生きたいと願っていたはずだ。

被爆者一人一人が失った人生に寄り添うことの重さを、改めて胸に問われます。

二〇一五年六月十八日

*『死刑の基準――「永山裁判」が遺したもの』(日本評論社)
*『裁かれた命――死刑囚から届いた手紙』(講談社)
*『永山則夫――封印された鑑定記録』(岩波書店)
*『教誨師』(講談社)

No. 518

父の目の涙

ハンス・エーリッヒ・ノサック『**幻の勝利者に**』（新潮社）

学生時代から何度も引越しをして、その度にかなりの本を処分してきました。また定期的に古本屋さんに来てもらって、思い切った本の整理も続けています。そんなサイクルを繰り返しながら、毎回どうしようかと迷ってはみるものの、結局手許に残してしまう何冊かの本があります。この作品も、そういう不思議な愛着を感じている一冊です。一九七〇年に刊行された単行本で、定価は六五〇円。いまの文庫本並みの値段です。

ネタバレと言われるかもしれませんが、あらすじを紹介してしまいましょう。ストーリーが明らかになったからといって、作品の興趣はまったく殺《そ》がれません。不思議な魅力というゆえんです。

物語は、高校教師である「私」のモノローグとして展開していきます。「私」は元来歴史家で、一九一九年にハンブルクで起きた革命運動に関する論文で博士号を取得しています。表題が「革命動乱期における一兵士の天才的戦術について――一九一八年〜二三年におけるドイツ革命運動を中心にして」といういかにも実証的な歴史研究で、ハンブルク騒乱の際、革命側に勝利をもたらした一人の軍事的天才の謎を解明しようとした労作です。ナチス支配下ではかたく封印されていた文献・資料を渉猟し、「私」はその人物の実像に迫ろうとしたのです。

さて、その男は武装蜂起初日のハンブルクにどこからともなく姿を現わすと、一門の大砲を扱いかねていた革命軍に手を貸します。そして、砲兵隊仕込みの大砲射撃の腕前を披露して、ハンブルク市庁舎の占領を助けます。さらにはこの中隊を率いて、近郊の兵営を無血のうちに占拠し、武器の調達に成功を収めます。きわめつけは、戦いの帰趨《きすう》を決することになった革命軍の進撃作戦を立案し、これを党の指導機関の意向にさからってまで遂行するのです。

それは、ある地点に向かって急行軍すると見せかけながら、途中でにわかに方向を転じ、ベルリンからの友軍と中間地点で合流することによって反革命軍を包囲し、戦わずして敵方を解散に追い込むという、まさに天才的戦略としか言いようのない水際立った作戦でした。

ところが、これだけの戦功を立てたにもかかわらず、彼はその直後に、忽然《こつぜん》と姿をくらましま す。勝利の絶頂ともいうべき祝賀の席から、この人物は突如失踪するのです。なぜ「歴史的視野」

から急に消え去ったのか。反動分子に暗殺されたのではないか――といった、さまざまな風説が流れます。ただ、失踪後に彼からの最後の電報が、革命の指導機関宛てに出されていました（なぜか語り手である「私」の生まれ故郷の町から発信されていました）。「ブジ　アンシンヲコウ　ゲンキデ　ドウシハイン」――。

だがこれとて、暗殺の隠蔽《いんぺい》を目的とした政治的なカモフラージュかもしれません。「私」は「学問的に確実な根拠を欠く」と判断を下すほかありませんでした。ともかく、姿を消してからの手がかりは一切なく、そもそもどこの誰であるのかさえ、不明のままでした。

しかし、歴史家はこの解明に全力を挙げて挑戦し、ひとつの人物像をまとめ上げます。そして、その博士論文をもとにして一般向けの本を著します。革命軍の歴史的勝利の舞台となった町に建てられた碑銘にちなんで、『幻の勝利者に』と題したその本は評判を呼び、二十代の終わりだった著者を経済的にも潤します。

ところで、この「私」の父親というのは、戦後にいち早くセルフサービスの食料品店を手がけて成功した田舎町の商人です。たまたま件の革命暴動が起きた日には、商談でハンブルクに出かけていました。騒動の現場を目撃することになり、予定より二週間近く遅れて帰宅したのです。行く時は上等の青の背広を着て出ていったのに、帰ってきた時には古着屋で買ったというだぶだぶの背広姿に、軍隊長靴をはいていたというエピソードがありました。
父の死後、「私」は遺品を整理します。すると、その時着て帰った古い背広が見つかります。半世紀も昔の背広が、その後一度も袖を通すことなく、大切に仕舞われていたのです。「私」の脳裏に、ある場面がよみがえります。この奇妙な背広のことが、初めて話題になった夜のこと。そう、『幻の勝利者に』の普及本がよく売れていたその頃に、「私」は婚約者を連れて両親のもとを訪ねたのです。すると、ふだんは読書におよそ縁のない父親が、この本はすでに克明に読んでいて、ふざけ半分のおどけた調子で細かな論評を加え始めたのです。

「やっこさんの名前はハインっていったっけな?」

「ハインはごくありふれた名前だよ……だがその連中には、その、なんていったっけ、――戦術の天才かい、そんな気のきいたやつはいないね。わしみたいに、ごくありふれた野郎ばかりさ」

「ともかくハインの身になって、おまえさんの本もたえず見ながらあれこれ考えてみたわけさ、そんな男がどうやって革命などに足を踏みいれて撃ち合い沙汰やら市庁舎攻撃やらやらかしたあげく、鉄かぶとの写真までとられるはめになったか、ぜひ知りたいからな、ともかくなにか理由があるはずだ」

手ぶり身ぶりをまじえつつ、方言まるだしで芝居っ気たっぷりに語る父の〝名演〟に、皆は笑い転げながら聞き入ります。息子の描き出した「幻の勝利者」が、なぜ革命軍と遭遇し、野砲の操作を教えることになったのか。さらには、兵営を正面から攻撃するのではなく、退路を開いてそこから士官たちが脱出するように誘導し、一滴の血を流すこともなく、難なく武器を手に入れたか。「私」は「父の想像力」に、ただ感心するばかりでした。

そして歴史家の論述では、軍事的天才なくしては果たし得ないとされた最後の牽制作戦についても、父親はこともなげに異論を唱えたのです。

「そんなことは天才でなくてもできるさ」

「この町の小わっぱでも、よほど頭の鈍いやつでないかぎり同志ハインと同じようにしたろうさ」

つまり、ごく初歩的な「商売のかけひき」さえ心得ていれば、そんな知恵などわけもない、と言うのです。……ここまで読めば明らかなように、読者はドラマティック・アイロニーとして、実はこの父親こそが「幻の勝利者」その人であることを諒解して読み進めます。その時点で、気づいていないのは息子たちだけです。父の語り口調があまりに役者そこのけであるために、あるいは文献・資料にすっかり目が曇らされているために、その場で明らかにされていく真実の意味を息子は理解できないでいるのです。

したがって、遺品の古背広に縫い付けられた商標ラベルを見た瞬間、彼は「電撃のようなショック」を受けます。そのラベルには、父親の出かけていたハンブルクではなく、彼が生涯に一度として行ったことがないはずの――あの「幻の勝利者」が姿を消した町の名前があったからです。「私」は衝撃を受け、そして悟ります。……あの日、父は真実をしゃべっていたのだ。自分たちはそれを作り話だとばかり思いこんでいた。けれども、父は刻々の行動を細大もらさずに話したのだ。父は十二日間だけ革命に加わり、汚れきった背広は処分して、古着に取り替えて脱出してきたのだ、と。

歴史家は自らの学問的基盤を突き崩す、このラベルを古背広からはがします。そして洗面所で洗い流してしまいます。ひとり真実を知りながら、証拠を闇に葬ります。

それにしても、なぜ父親は革命の現場を離れ、日常に戻って来たのだろうか。なぜ背広は大切に保存されたままだったのか。そして、なぜ父は息子の本を読んだ時に、真実をありのままに語るのではなく、方言まるだしの口調で道化さながらに演じてみせたのか。そうしなければならなかったのか。

いずれも、「答え」は小説の中に書かれてはいます。しかし、それ以上の何か深いわけがあるのではないか、という疑問がつきまとってしまうのです。とりわけ、息を引き取る直前に、日頃は快活な父親の目から「まちがいなく涙があふれていた」と、病院の若い看護婦が証言します――。

「どこかお痛みですの？……先生をおよびしましょうか？」看護婦が尋ねます。そして涙を拭きとってやっていると……父は頭を振っていったそうです――「いやいや、ちょっとためしているところさ、娘さんや、わしにはそんなひまなんかなかったからな。」

彼はいったい何に涙していたのか、それが謎めいた言葉とともに残されます。息子にも、誰にも告げられなかった真実を抱えて死んでいく自分に対する感傷なのか？　それとも一緒に弾をくぐった同志たちが、やがてナチスによって処刑されていったという運命の非情に泣いたのか？

そう考えると、第一次大戦の敗戦から革命の胎動が起こり、やがてワイマール体制の誕生、ナチスの台頭、そして再び大戦へと突入し、敗戦を迎え、あの東西分裂へと進んでいくドイツの現代史が、父の生涯に重なって見えてきます。四年間、西部戦線に従軍して戻った父が、たまたま居合わせたハンブルクで革命の息吹をどのような気持ちで受けとめたのか。行きがかりで手を貸すことになったという彼の中で、何が起こったのか。つかの間とはいえ、彼が本気で革命に参加したとしか思えない、何かをそこに想像しないではいられません。

しかし、継ぐべき家業があること、初産を控えた（やがて歴史家となる息子を宿している）妻が、家では心配しながら待っているにちがいないこと。いつまでも留守にしておくわけにはいかない事情があったのです。

つまり、この小説が触れているのは、取り返しのつかない過去、「歴史」そのものへの愛惜の念だということです。父親の中には、いまだにその残り火が消えていなかったのだと思います。息子の本をおどけて批評するしかなかったのは、それがあまりに自分にとって痛切なテーマであり、哀しみをともなう思い出だったからにちがいありません。それはおそらく臨終の日まで——いや、死が近づくにつれて、ますますリアルな姿をもって迫ってきたのではないでしょうか。もうひとつの、あり得たかもしれない自分の生き方として。さらには、ドイツという国の歴史そのものの可能性として。

書いてしまえば、歴史的真実は意外なところに宿っているという教訓のように読めるかもしれませんが、それだけではない愛着をこの作品には覚えます。父親が最後に流している涙こそ「歴史」の手応えではないか、と思い始めたのは、自分自身がそこそこに年を取ってきたせいもあるのでしょう。

二〇一二年十一月二十二日

No. 578

翻訳という夢を生きて

なんともイヤな事件です。『アンネの日記』や関連書籍が、東京や横浜の図書館で三〇〇冊以上も破られていたという事件です。誰が、なぜ？というのはまだ憶測の域を出ませんが、まったく気の滅入る話です。加えて、ロシアがウクライナに軍事介入するという動き。情勢は次第に緊迫の度を増しています。

そんなタイミングで、たまたまこの二つの出来事につながりのある映画が公開されました。二〇一一年の山形国際ドキュメンタリー映画祭で優秀賞・市民賞を受賞した「ドストエフスキーと愛に生きる」（原題は「五頭の象と生きる女」）です。

全篇が詩情あふれる映像と、美しい言葉の響きに満たされた圧倒的な作品です。気の滅入る事件の〃口直し〃はもちろんのこと、かき乱された心をも安らげてくれる、静謐《せいひつ》で、ゆたかな時間がそこにはゆったりと流れています。

主人公はドイツを代表するロシア文学の翻訳者スヴェトラーナ・ガイヤーさん。すでに二〇一〇年十一月に八十七歳で亡くなっていますが、映画は最晩年の二〇〇六年から撮影されました。原題の「五頭の象」とは、九〇年代から彼女が新訳に着手したドストエフスキーの五大長編小説――「罪と罰」「白痴」「悪霊」「未成年」「カラマーゾフの兄弟」を巨大な〝象〟に見立てたものです。タイトルだけを眺めると、世界文学の偉大な作品に生涯を捧げた「文学的」なドキュメンタリーだと予想する人が大半でしょう。私自身も多分にそうでした。

ところが、見終わってしまうと、彼女が優れた翻訳者であることなど、実は「どちらでもいいこと」（柴田元幸）に思えてしまうほど、もっと根源的なテーマ――生きることについての深い省察に導かれる作品なのだと気づきます。

たしかに、翻訳家としての彼女の献身的な仕事ぶりが作品の基調になっていることは間違いありません。翻訳の口述に取りかかろうとする瞬間の、最初のひと言が発せられるまでのおごそかな緊張感。原作の世界をありのままに感受し、さらにそれを別の言語に正確に移しかえようとする、無償の願い。そのエロティックなまでの言葉との交感が、テキストと触れ合う彼女の真剣な姿を通して伝わってきます。

「(夜の書斎で、翻訳の) 準備をしていると、優れた文章だけに起こる不思議なことがある。文章が自ら動き出す。それは突然起こる。何度も目を通した文章なのに、不意に未知のものが見えてくる。汲めども尽きぬ言葉の織物。そのような文章はすでに訳したことがあっても、汲み尽くせない。おそらくそれこそが最高の価値を持った文章である証拠。それを読み取らねば」

しかし、全体の印象からすれば、翻訳の仕事はこの作品のひとつの柱にすぎません。むしろそれを包み込むように、静かに流れていく、落ち着いた日常が魅力的です。買い物に行き、料理を作り、お茶のひと時を楽しみ、訪れてきた孫やひ孫たちをもてなす、繊細でシンプルな暮らし。家の中には、長い間丁寧に扱われ、主《あるじ》に寄り添うようなかたちで時を刻んできた家具や雑貨が置かれています。居心地のよさそうな、あたたかで威厳と気品のあるたたずまいは、彼女の心映えそのもののようです。

気がつくと、八十四歳の老女の表情にひたすら目をひきつけられていました。精気に満ちたまなざし、陰影のある表情。深い皺《しわ》の刻まれた手や指の動き。そして、語られるひと言ひと言に、耳を澄ませていました。的確で、思慮深く、ウィットがあり、優しい言葉づかいもまた、彼女の暮らしぶりそのものです。

作品の序盤に、アイロン台を組み立てる場面がいきなり登場します。いったい何が始まるのかと思っていると、本当にアイロンかけでした。その時、彼女が語ります。「洗濯をすると繊維は方向性を失う。その糸の方向をもう一度整えてやらねばならない。織りあわされた糸、文章も織物と同じこと」。つまり、テキスト（文章）とテキスタイル（織物）は同じラテン語の「織る」から生まれた言葉であって、一本一本の糸が絡み合い、織り合わされて生地ができるのと同じように、文学もまた言葉の織物だ、と。

彼女が語るからこそ、胸にストンと落ちる言葉です。

一方で、その半生は波乱に満ちたものでした。一九二三年、ウクライナ共和国のキエフに一人娘として生まれますが、十五歳の時に、農学者だった父親がスターリンの大粛清の犠牲となり、逮捕されます。逮捕はすなわち処刑を意味する時代でしたが、父は十八カ月後に奇跡的に釈放されます。しかし、獄中での拷問、虐待が原因で、山荘（ダーチャ）での介護もむなしく、半年後に死去します。「人民の敵」である政治犯の家族に将来はなく、彼女は母親の勧めで語学の習得に励みます。

やがて高校を卒業した一九四一年、ドイツがソ連に侵攻してきます。キエフは占領され、スターリンのくびきから逃れた人々の間には、解放を喜ぶ空気もありました。ところが、間もなくユダヤ人に〝退去命令〟が出されます。「ヒトラーのユダヤ人嫌いは耳にしていたが、反ドイツの宣伝だろうと思っていた。まさか本気だったとは」――と誤解に気づくのは、集められた三万人以上ものユダヤ人が、わずか二日間で銃殺された「バビ・ヤール」の惨劇が起こってからでした。

「銃声が聞こえ続けて鳴り止まなかった。今も忘れられない。今でも胸が痛む。話すだけで60年前のことがありありと蘇ってくる」

ただ、彼女には運命的な出会いがありました。ナチスの命令で東部戦線に司令官として送り込まれてきたドイツ人の貴族将校が、ドイツ語に堪能だった彼女を通訳として重用し、母娘に庇護《ひご》の手を差し伸べたのです。プロイセン以来の誇り高き、教養のある軍人でした。制服姿の彼の写真をその後も大切に所持している彼女の発言は微妙です。

〝対独協力者〟という負い目と、この貴族将校への敬愛の念。それにもかかわらず、彼もまたバビ・ヤールの事件に無関係とは言いきれない心の揺らぎが、回想の言葉にもにじみます。決して癒されることのない深い傷が、ふと窺われる場面です。

やがてドイツ軍は劣勢に追い込まれ、二年後にキエフからの撤退を強いられます。〝裏切り者（対独協力者）〟の追及を恐れた母娘は、赤軍が戻ってくる前に故郷を去り、一九四三年、ドイツ・ドルトムントへと逃れます。すると、ここでもドイツ人の善意によって、彼女はフンボルト奨学金を得、フライブルク大学で学ぶ機会を与えられます。母娘二人には外国人在留パスポートの交付が許されます。この特例措置を講じたゲシュタポ職員は、後にこの責任を追及され、東部戦線への転属を命じられます。

「知人でもなく、その必要もないのに私の前に立って守ってくれた。ドイツは敗北寸前。情勢は明らかだった。なのに、この恩情。私はドイツという国に尊敬の念を抱いた。だからほんの少しずつでもドイツにお返しできるのが嬉しい」

「どんなに苛酷な運命でも、本が好きだから乗り越えられた」という彼女は、やがてロシア文学のドイツ語への翻訳という道を選びます。スターリニズム、ナチス占領下の故国を生き抜くために必要だったドイツ語は、戦後、異郷にあっては自分の根っこにつながるための通路となったのです。

映画がきっかけとなって、六十五年ぶりに故郷ウクライナに帰った彼女は、懐かしい場所をめぐります。かつての住居、ウラジーミル大聖堂、父の墓を訪れ、そして家族三人で夏を過ごした思い出の山荘を探します。しかし、「死ぬまでにもう一度、コウノトリの来る泉の水を飲みたかった」という願いは、とうとう叶えられませんでした――。故郷喪失者の哀しみは、厳寒の雪景色の中で印象的です。

悲しまず　叫ばず　泣きもせず
すべては消え去る
はかなくも　リンゴの白い花のように

旅から戻った彼女を待ち受けていたのも、悲しい報でした。不慮の事故に巻き込まれ、半身不随で入院していた最愛の息子が亡くなったのです。一気に孤独の影が深まります。

ここで冒頭シーンが思い浮かびます。真っ暗な画面にうすぼんやりと何かが現れてきます。やがてそれは、鉄橋であるとわかります。そこを夜汽車が通過していきます。逆方向から来た列車とすれ違います。それは作品全体を象徴している風景だと改めて思い至ります。

川のこちら側がドイツ、向こう側がロシア、あるいはその逆かもしれません。川をはさんでの往還が、すなわち翻訳という営為でしょう。翻訳者とはこの鉄橋のような存在。ドイツ語とロシア語の仲介者であると同時に、現在と過去、生者と死者、異郷の地と失われた故郷との間に横たわる深い川の架け橋なのでしょう。つまり翻訳とは、彼女の人生全体の隠喩《メタファー》であったのだ、とわかります。

「本を前にして翻訳する時、文の始まりは左上で終わりは右下だと思っている。私の先生は最高の人で、翻訳する時にドイツ語で言われた言葉がある。〝翻訳する時は鼻を上げよ〟。……一番大事なこと。翻訳とは左から右への尺取虫じゃない。翻訳は全体が大事。文章の全体を自分の中に取り込む。ドイツ語では〝内面化する〟と言う。文章を自分の内側に取り込んで、心と一体化する。翻訳する時は鼻を上げよ」

作品の冒頭で、「私には人生に負い目がある」と告白した彼女は、最後に感慨をこめ、継続への意志を語ります。

――人はなぜ翻訳するのか？　きっと逃れ去ってゆくものへの憧れかもしれない。手の届かぬオリ――

ージナル、究極の本質への憧れ……。途方もない言葉だわ。〝憧れ〟――何て素敵な言葉かしら。―

二〇一四年三月六日

No. 608

類いまれな師弟の物語

尾崎俊介『**S先生のこと**』（新宿書房）

ほんの九カ月ほどですが、米国の深南部（ディープ・サウス）に暮らしたことがあります。その時、何冊か携えていった南部出身作家の本の中に、『オコナー短編集』（新潮文庫）もありました。

フラナリー・オコナー。一九二五年、ジョージア州サヴァンナ生まれ。敬虔《けいけん》なカトリック教徒として生涯を過ごし、人間存在の深遠を凝視した、短編の名手として知られました。一九六四年、三十九歳で死去。同書の訳者解説は、次のように述べています。

彼女が小説を書きはじめたのは、ジョージア州立大学卒業後、アイオア州立大学修士課程に学んでいたとき（一九四五－四七年）である。したがって、文筆を執っていたのは生涯のうちの二十年ほどだが、彼女はその大半をあたかも重い十字架を担って歩くように苦しみながら生きなければならなかった。一九四九年に紅斑性狼瘡《ろうそう》が襲いかかったのである。これは脚と顔の下半分の骨がやわらかになる病気であり、彼女の父親は一九四一年にこの不治の病で斃《たお》れた。十五年のあいだ、確実に自分の生命を侵食しつつある死を見つめながら生きるとは、どんなに恐ろしいことであったか。

『オコナー短編集』訳者「解説」

自らにふりかかった過酷な運命に耐えながら、「彼女は人間として、作家として、力の及ぶかぎり烈しく攻めぬいた」ともあります。そして、自分はなぜこの世に生を受けたのか、どう生きるべきなのか、と人生の意味を問い、魂をすり減らすようにして小説を書き続けます。あるエッセイで彼女は述べています。「人々は常に、現代作家には希望がない、現代作家の描く世界像は耐えがたい、と不平をこぼす。これに対する唯一の答えは、希望のない人間は小説を書かないということである」（同訳者「解説」より）と。

さて、本書です。タイトルに掲げられた「S先生」とは、この『オコナー短編集』の訳者であったアメリカ文学者の須山静夫氏です。H・メルヴィル、W・フォークナー、W・スタイロンなどの研究者、翻訳者として知られ、第三回新潮新人賞（一九七一年）を受賞した小説家でもありました。

二〇一一年七月、八十五歳で死去。

著者は、一九八〇年代半ばに学生としてS先生に出会い、私淑《ししゅく》し、その薫陶《くんとう》を受けてきました。本書が書き起こされているのは、S先生の死の一週間後です。まったく予期しなかった突然の訣別。著者は追慕と哀悼の思いをこめ、S先生にオマージュを捧げます。

本書を半ばまで読み進んだところで、先ほど引用したオコナーに関するS先生の解説文を再読しました。オコナーの「短いが激しい生涯」を語った文章が、以前とはまるで違った色彩を帯びて心に映じます。S先生自身が人生の理不尽や不条理に見舞われ、その苦難に耐えながら、自らの体験を文学研究や翻訳に重ねていたことを、本書によって教えられたからです。

著者がS先生と出会ったのは、およそ三十年前、慶應義塾大学文学部英米文学科三年生の時でした。明治大学から非常勤講師として来ていた先生のクラスを受講すると、S先生は「七人の侍」（黒澤明監督）の俳優、宮口精二に似た古武士のような風貌の人でした。寡黙そうな印象で、テキストに選んだオコナー短編集の英文を読むでもなく、解説をするでもなく、「この頁の中で、何か分からないところはありますか」と尋ねて、誰も何も言わずにいると、どんどん先に進みます。「面白くもなんともない」「一体、これが文学の授業なんだろうか？」と著者は戸惑います。

ところが、何度目かの問いかけがあり、それに対して学生一同が「うんともすんとも」反応しないでいると、先生がおもむろに一人の男子学生を指し、「この一文を訳してごらんなさい」と言います。

その一文は確かに少しやっかいな文章で、前後の文脈がとれていないとうまく訳せないような文でした。で、案の定、指名された男子学生は答えられなかった。いや、答えられなかったばかりか、それこそ即答で「訳せません」と言った。それも妙に堂々と。その堂々とした答え方は、おそらく、「こんなつまらない授業なんて聞いていられないや」という反抗的な態度の表明でもあったでしょう。

その刹那。私は何か教室の空気が一瞬にして変わったのを感じたのでした。

須山先生の怒り——。それは大声で怒鳴るとか、そういうものではなかったのですが、何か音のない紫色の雷が落ちて、後にかすかな空気の振動だけを残したような、そんな感じでした。……

それまでの物静かな先生が、瞬時にして研ぎ澄まされた日本刀に変わり、我々学生の甘っちょろい勉学への態度を叩き切った、その一瞬の様変わりに私は圧倒され、その時、先生がどういう言い回しで我々を叱られたか、今も正確には思い出すことが出来ません。

これが、三十年にわたる師弟関係の始まりでした。その後、著者は徹底的にテキストを読み込んで授業に臨み、先生と真剣に向き合います。読解をめぐって「先生と私の間で一対一の論争が繰り広げられる」場面が何度か生じます。見どころのありそうな学生として、先生も著者に目をかけます。親しさが増し、次第にS先生は英語の授業だけでなく、著者の人生をも決定づける師として大きな存在に膨らんでいきます。

先生はまた別の授業で、旧約聖書の『ヨブ記』を下敷きにした戯曲をテキストに用いました。神に対して何も罪を犯していないにもかかわらず、財産を失い、子どもたちをすべて奪われ、死病に取り憑《つ》かれ、あげくは妻に「神をのろって死になさい」というひと言を浴びせられたヨブの物語を現実世界に置き換えた作品――。行いの正しい人がそれにもかかわらず次々と苛烈な試練に見舞われ、その渦中で「なぜ自分が、よりによってこういう目に遭わなければならないのか」と苦悩に苛《さいな》まれるドラマ――。

先生がなぜこのテキストを選んだのか、当時はその理由など考えもしなかった著者ですが、やがて先生の秘められた過去を知るにいたります。先生は、結婚十年足らずのうちに最愛の妻を病気で失います。再婚し、一女にも恵まれ、悲しみから立ち直ったかに見えた先生を、次に襲ったのが長男の交通事故死でした。先妻との間の一粒種であった彼を、二十歳で失うことになったのです。最初に師弟が出会う六年前の出来事でした。

先生はまさに聖書のヨブと同じように、熾烈《しれつ》な体験のただ中を生きていて、「傷はまだ生々しく口を開けていた」と知ります。

新しい家族に支えられながらも、先生は喪失の痛みが時間の経過とともに風化していくことを自らに許しませんでした。なぜ妻は死んだのか、どうして息子は死ななければならなかったのか――渦巻く後悔をひたすら自らに向けて問い続け、その覚悟は文学研究、翻訳にも投影されました。峻厳《しゆんげん》なまでの生き方は、著者をますます引きつけます。

先生の死からほどなく書き起こされた本書は、静かな筆致で、淡々と思い出が綴られています。S先生という稀有な人物の、気高い魂を記録しておきたい、というまっすぐな願いが伝わってきます。

時折はさまれるS先生自身の文章が、惻々《そくそく》として胸に迫ります。一九九二年に最初の部分が発表され、最終的に本の形にまとまるまで、都合十六年を要したという『墨染めに咲け』（新宿書房、二〇〇八年）の文章は、とりわけ鮮烈で、心に刺さります。

警察からの電話で真夜中に呼び出され、「遺体の身元確認のために」署に出向いた場面は、こう描かれています。

しかし、そのときの私は一滴の涙さえこぼしませんでした。よろめきもしませんでした。脚の長い案山子に似たあのジャコメッティーの彫像、私はあの人間と同じようになっていたのです。ジャコメッティーの人間は痩せほそって骸骨だけになっています。あたたかな血も、弾力のある肉も、すべて削《そ》がれてしまって、突っ立っています。あらゆる感覚も、いや、魂さえも、削がれてしまったのかもしれません。あの彫像が突っ立っているのは、うずくまるという動作を起こすだけの力を失ってしまったためのようです。つんのめって倒れるだけの重さが頭のなかにも胸のなかにも残っていないからのようです。

須山静夫『墨染めに咲け』

文章のトーンが本書の流れに分かちがたく溶け込んでいて、先生の内面にそのまま導かれます。共感とともに、先生の見据えていたものが私たちの目にも映ります。

先妻の闘病生活を見守っていた先生の、最期の日の記録――。

一年七か月の戦い。私の耳には、さち子の泣いた声、呻いた声、そして、途中で退院をゆるされたときの、つつましい歓びの声が、一つの、消えることのない歌の調べとなって、遠くに響いている。よく戦った。痩せ衰えた体で、よく耐え忍んだ。戦いは、長い嵐のように過ぎ去った。朝からもう十時間、静かに静かに生きている。生きている。私は、このような生は意味がない、とさっきまで思っていた。しかし今は、そうは思わない。あのような激しい、長い苦しみのあとで、たとえ無意識でもいい。このような静かな生きかたがあってよい。なくてはならない。長ければ長いほどよい。もう手足を動かしたり寝返りを打ったりする必要もない。背中も痛くない。のども痛くない。鼻の穴も痛くない。鎮痛剤の必要もない。注射のあとも痛くない。水を欲しがらなくてよい。戦いに敗れたあとの平和な、平穏な生だ。

須山・前掲書

妻の臨終は、これを書き終えた二十分後でした。

『墨染めに咲け』は、「先生の生涯を、先生ご自身が、溶岩のように焼き尽くす作業だった」と著者がいうように、かけがえのない二人の死の責任を自ら引き受けようとした「自己処罰」の作品です。しかし、そのようなたとえようもなく重い内容であるにもかかわらず、読後に「奇妙な安堵感」を著者は覚えます。なぜなのだろう、と考えてみると、「やはりこの本には『美しいもの』があるからだろう」という自分なりの結論を得ます。

S先生は、自分にとって「巨木のような人」だった、と著者は述懐します。

度重なる嵐に大枝はもぎ取られ、山火事に腸《はらわた》を焼かれ、芯のところには黒こげの大きな空洞が出来ていたけれど、そうした幾多の艱難にも折れることなく立ち続けた巨木。たとえそれが「倒れる力」さえ失っていたからだとしても、最後の最後まで天の一点を凝視して不動の姿勢をとり続けた巨木。先生は強く、大きい人でした。

傍らに立っていた巨木の喪失を愛惜した本書を前にして、私たちは人と人との出会いの不思議を思います。生身の人間同士が出会うことの素晴らしさ、その奇蹟——。類いまれな師弟の物語がもたらすものも、読後の「奇妙な安堵感」にほかなりません。

二〇一四年十月二十三日

Epilogue

あとがき

ふだん人にものを書くこと、本を出すことを勧める立場にいながら、いざ自分が本を出すとなると、本当にそんな資格があるのだろうか？神をも恐れぬことをしようとしているのではないか？とたちまち躊躇を覚えます。

そもそも編集者になろうと思ったのも、大学時代のほんの偶然からでした。小さい頃から本に囲まれて育ってきましたが、大学時代はモラトリアム人間もいいところで、授業に熱心に出るわけでなし、すぐには役に立ちそうもない人文系の本を読みあさり、たまに（忘れられない程度に）学校に顔を出すという怠惰な暮らしぶりでした。

そんなある日、人に勧められて手にしたのが、創刊されて間もない雑誌でした。「三万人のための総合情報誌」と銘打ったその雑誌は、書店の店頭では扱われていない会員制の定期購読誌で、一冊一〇〇〇円という当時としては破格の値段でした（もちろん高いという意味です）。厳選された記事だけを載せるという編集方針そのままに、スリムでハンディな点も新鮮でした。

パラパラめくっていると、あるコラムに行き当たりました。何げなく読み始めて、たちまち引き込まれました。書かれている意味内容というよりも、筆者の知的スタンスに快さを覚えました。歴史や哲学などさまざまな著述を引きながら、世の中の現象を読み解き、時代精神を探り当てようというものでした。「状況'75」と題されたコラムの書き手は、粕谷《かすや》一希《かずき》という名前で、肩書きに中央公論編集長とありました。

たまにしか手にすることのなかった総合雑誌ですが、作り手がこういう眼差しで世界をとらえようとしているのか、と軽い興奮を覚えました。知的なジャーナリズム、いい意味でのアマチュアリズムを感じました。以来、そのコラムを欠かさず読むようになりました。そしてある時思ったのです。こういう仕事も悪くないな、と。

粕谷一希さんとは、その後、氏が二〇一四年五月に亡くなるまで、得難いお付き合いをさせていただきました。私が中央公論社に入社するのとすれ違うようにして、氏は四十八歳で社を去りました。氏のもとで働くというアテがはずれた私はやむなく、「夜学」と称してはしばしばご自宅に押しかけて、多くの著者との懇談の場に同席させていただきました。駆け出し編集者にとっては、何とも贅沢なひと時でした。

やがて三十年間勤めた中央公論社（現在の中央公論新社）を、思うところあって、二〇〇八年に退社します。旧社に二十年、新社に十年、五十四歳になっていました。これから自分は何をしたいのか、いま一度目の前の風景を変えて考えたいと思ったのです。辞めた後のことは何も決めず、辞めるためにまず辞めよう、というのが、唯一決めたことでした。

その後、インターネット・メディアの仕事に関わる機会に恵まれて、若い世代の人たちとまったく違う領域の仕事を楽しくする時期もありました。縁あって新潮社からの誘いを受け、二〇一〇年六月に入社し、七月一日から季刊誌「考える人」の二代目編集長になりました。

その就任の弁が本書の冒頭にある文章です。こうして毎週一回、編集長が書くメールマガジンの仕事を始めました。しばらくすると、ある友人から言われました。「折角《せっかく》だから、このメルマガは真面目にやったほうがいいよ」と。彼が言わんとしたのは、出版不況だとか悲観的な話ばかりが語られるご時世だから、この時代にお前のような人間が何を考えながら雑誌を編集しているのか、クロニクルとして残しておくことにも意味がある、ということでした。

以来、真面目に書こうという気持ちだけは貫いてきたつもりです。とはいえ、毎回が時間との競争でした。日常の業務を終え、深夜にデスクのパソコンに向かい、いつも〝綱渡り〟の心境で書き綴ってきました。

時折、粕谷さんのコラムに初めて出会った時のことを思い出しました。そうだ、もしかすると、いま自分の書いている文章にどこかで出会う若者がいるかもしれない。これを読んで、編集者という仕事に興味を持ってくれるかもしれない。この世界に飛び込んで、何かやってみたいと思うかもしれない……。そんなとりとめもない妄想をふくらませたこともありました。

自分の書いたものにどれほどの値打ちがあるかはわかりませんが、この六年半あまり、三〇〇回を超えるメールマガジンをこつこつ書き続けることができたのは、言葉に関わる仕事の魅力を、一人でも多くの人に伝えたい「夢」や「期待」があったからだということは確かです。

今回、若い世代の一人であるミシマ社の三島邦弘さんと、星野友里さんの力を借りて、この本を出すことになりました。当初、三島さんからこの書名を告げられた時、とてもそんな大それたテーマを書いてきたとは思えない、と尻込みしました。けれども、彼が示してくれた目次案を見るうちに、こういう形で一度考えをまとめてみるのもいいかもしれない、という気になりました。

さらに、それを具体的なカタチにしてくださったデザイナーの寄藤文平さんの存在にも助けられました。

本来であれば、でき上がった本を真っ先にお届けしたかった粕谷一希さんは、すでに泉下《せんか》の人となりましたが、ここまで導いてくださったことへの感謝を改めて記したいと思います。またこの間、公私にわたっていろいろご指導いただいた多くの方々には、心より御礼申し上げたいと存じます。

最後になりますが、現在の職場である新潮社、および毎週メールマガジンを配信する際に手を煩《わずら》わせた同僚たちに感謝します。また、事あるごとに感想をお寄せくださった愛読者の皆様にも、この場を借りて厚く御礼申し上げます。本当にありがとうございました。

二〇一七年一月

河野通和

河野通和　こうの・みちかず

1953年、岡山市生まれ。東京大学文学部卒。
1978年、中央公論社（現・中央公論新社）入社。
主として雑誌編集畑を歩み、雑誌「婦人公論」（1997–2000年）、
「中央公論」（2001–2004年）の編集長を歴任。2008年6月、
取締役雑誌編集局長兼広告統括部長を最後に、中央公論新社を退社。
2009年1月、日本ビジネスプレス特別編集顧問に就任。
2010年6月、新潮社に入社し、雑誌「考える人」編集長を務める。
2017年3月、「考える人」休刊にともない、同社を退社。

言葉はこうして生き残った

2017年2月1日　初版第1刷発行
2017年4月11日　初版第2刷発行
著　者　河野通和

発行者　三島邦弘
発行所　（株）ミシマ社
〒152-0035　東京都目黒区自由が丘2-6-13
TEL　03-3724-5616
FAX　03-3724-5618
e-mail　hatena@mishimasha.com
URL　http://www.mishimasha.com/
振　替　00160-1-372976

装　丁　寄藤文平・窪田実莉（文平銀座）
印刷・製本　株式会社シナノ
組　版　（有）エヴリ・シンク

ISBN：978-4-903908-89-2